走·近·巴·金

纪念巴金诞辰12

巴金家信

李致 编

四川人民出版社

图书在版编目（CIP）数据

巴金家信/李致编. -- 成都：四川人民出版社，2024.9
（走近巴金）
ISBN 978-7-220-13572-9

Ⅰ.①巴… Ⅱ.①李… Ⅲ.①巴金（1904-2005）－书信集 Ⅳ.①K825.6

中国国家版本馆CIP数据核字（2024）第055611号

BAJIN JIAXIN

巴金家信

李 致 编

出 品 人	黄立新
项目统筹	谢 雪　邓泽玲
责任编辑	邓泽玲　薛玉茹
装帧设计	张迪茗
责任校对	申婷婷
责任印制	祝 健
出版发行	四川人民出版社（成都三色路238号）
网　　址	http://www.scpph.com
E-mail	scrmcbs@sina.com
新浪微博	@四川人民出版社
微信公众号	四川人民出版社
发行部业务电话	（028）86361653　86361656
防盗版举报电话	（028）86361653
制　　版	四川胜翔数码印务设计有限公司
印　　刷	成都东江印务有限公司
成品尺寸	160mm×240mm
印　　张	32.25
字　　数	415千
版　　次	2024年9月第1版
印　　次	2024年9月第1次印刷
书　　号	ISBN 978-7-220-13572-9
定　　价	168.00元

■ 版权所有·侵权必究
本书若出现印装质量问题，请与我社发行部联系调换
电话：（028）86361656

1986年，巴金在写作

目录

前言 001

凡例 002

致李小林 001

致李小棠 063

致李晅之 071

致张和卿 083

致李采臣 087

致李济生 099

致李国煜 105

致李国炜 113

致李国炯 121

致李国莹 159

致李国琰 163

致李芹 171

致李斧 175

致李珊珊 179

致李致 183

附录一

致成都市川剧院	473
致四川省作家协会	478
致巴金国际学术研讨会	480
致成都和平街小学	482
致成都东城根街小学	484
致成都正通顺街小学	488

附录二

读《家书——巴金、萧珊书信集》后致李致的三封信　李累

前　言

我早有出版《巴金家信》的愿望。1991年11月21日，得到了四爸巴金的同意。今又征得巴金女儿李小林的同意。

《巴金家信》包括了巴金写给他的子女、大嫂、弟弟、侄女侄儿及其后辈的信件。另有巴金写给故乡川剧院、作协和三所小学校的信，作为附录一并收入。其中标有*号的80封系首次发表。

巴金写给他夫人萧珊的信，是巴金家信中一个最重要的组成部分。但因为李小林早已整理，并于2003年由浙江文艺出版社以"家书——巴金、萧珊书信集"为名出版，故此次的《巴金家信》，没有包括这批信件。

李致

2023年10月23日

·凡 例·

一、关于错字、缺字等

为尽量保持信件的原貌，对明显错别字（如笔误）和不当的标点符号，直接改正；文中衍字、脱字用［ ］修订；字迹不清、无法辨识的字和某些缺失的信件年月用□代替。

二、关于注释

对信件中提及的人名或某些事件酌情予以注释。多次出现的人名仅在第一次出现时作注。

致 李小林

（1945— ）巴金之女

一九五二年三月二十四日

小林：

前天给你妈妈写了一封信，大概已经收到了。明天这里有人回国，托他带这封信回去投邮，希望你能够收到。我在朝鲜很好。这几天住在一个很高很大的山洞里面，我们二十一个人住在一个洞里，有床有电灯。每天要上山下山几次：吃饭，开会。这两天晚上下大雪，早晨出大太阳。我很想你，想你妈妈和弟弟，也想家里别的人。希望你们都过得好。我已经向志愿军同志们讲过连在小学念书的小孩子也在想念他们。告诉妈妈我的通信处：

安东海城部转志政[①]宣传部王永年部长转巴金收。

过两天我要去平壤。

祝

你好！

                    金

                二十四日

---

① 志政：指中国人民志愿军政治部。

一九五五年七月七日

小林：

　　信收到，知道你考试成绩不坏，我很高兴。但是你没有告诉我，你弹琴弹得怎样，是不是也有进步？

　　暑假期内除了做好假期作业外，还要认真学琴，不要同弟弟吵架，要帮助他，教他，不能跟着他闹。你是少先队员，就应该做个好队员啊。

　　别的话下次再写。妈妈说要给你割扁桃腺，那么得休息几天了。

　　祝
好！

爸爸

七月七日

一九六〇年十月十一日

小林、小棠：

　　离开你们一星期，很想念你们。不知道你们在学校在家里怎样？

　　你们环境较好，父母都喜欢你们，因此养成了你们的一点娇气和骄气。其实这两气对你们并无好处。你们不久便会知道，要在新中国做个好学生、好公民，必须去掉这二气。好习惯不是一下子就能养成的。最好从小多学，多想，多考虑别人的好意见。妈妈对你们讲的话你们都要认真地听，她是为你们好才讲那些话。你们不要跟她赌气。她性急容易发脾气，你们不要惹她生气啊。要学习雷加叔叔几个孩子的榜样，爱劳动，能吃苦，对人客气，什么事都自己动手。小林不要忘记弹琴，早晨起来不要在马桶间里或梳妆台前浪费时间。应当把这些时间省下来做有益的事。小棠要在小组时间里好好温功课，做算术题不要粗枝大叶一写了事，应当多核两遍。小林有时间应当每星期看南南一次，两星期看好姐姐①一次。舒元卉诚心地写信来，总得回人家一封信。小棠要香烟包封纸，我在这里还未看到新牌子的香烟，今天下午在小卖部买到一包云南的"红塔山"，这种烟我在个旧抽过，也不错。给小棠寄去包封纸一张，以后找到新的会续寄。以后你们两个要常常给我写信啊。我的住处还未定，现在来信暂由沙汀叔叔转交。别话下次谈。

  祝

好。

爸爸
十月十一日

  记住：要听妈妈的话，要尊敬婆婆。

---

① 好姐姐：萧荀，巴金侄女李国煜之友，后成为巴金和萧珊的朋友。

一九六〇年十一月二十九日

小林：

　　收到你的信很高兴。你应当多写信，这等于作文啊。笔要常用才行。我的近况妈妈会告诉你。我大约在明年二月初回家。你的生日快到，我不能参加，很觉可惜。今年是你十五岁生日，小弟①十岁，你们要什么礼物，我回沪时补送吧。舒元卉②那里，你最好寄封信去。她已经会演许多戏了。你将来回四川，她要陪你玩。四姐姐③也喜欢你。

　　祝
你好！

爸爸

　　好好地教弟弟。

---

① 小弟：李小棠，巴金之子，李小林弟弟。
② 舒元卉：川剧表演艺术家。
③ 四姐姐：李国莹，李尧枚之四女。

一九六〇年十二月十四日

小林：

　　信收到，很高兴。爸爸很想念你们。我想起来了，后天是你十五岁生日。可惜我不能同你在一起，也无法选购一件合适的礼物送给你。不过你记住，我回到上海要送给你和弟弟每人一样东西，因为今年他十岁的生日我也没有在上海。你们好好地想一下，要挑一样需要的东西、适用的东西（不是可有可无的东西）。有空给舒元卉回一封短信。

　　祝你生日快乐！

爸爸
十四日

　　你见到外公，不要忘记替我问候他，你说我请他好好保养身体。

一九六〇年十二月十六日

小林：

　　今天是你十五岁的生日，四姐要我代寄一张相片给你。我想起了十五年前的今天。我在重庆宽仁医院等你出世，差不多等了一个整天。晚上九点以后我终于见到你了。头发上还有一点血。后来爸爸还抱着你睡。你总是喜欢睁一只眼，闭一只眼，哭起来肚皮朝上一挺一挺的。再后来在上海，半夜眼睛还没有睁开，就喊："我吃牛奶！"爸爸就起来给你冲好奶粉。想不到你现在居然长成大姑娘了。过去爸爸多喜欢你，现在爸爸仍然很喜欢你。今天我祝你生日快乐。生日礼物等我回上海后补给你。现在送你两句话吧：多想到大家，少想到自己；多想到集体，少想到个人；多想到"公"，少想到"私"。要不断地朝前跑，一点也不要向后转。要做一个什么都好的学生，也要争取做一个共青团员。爸爸和妈妈，还有好姐姐，还有外公永远爱你，鼓励你，帮助你前进。再说一次，祝你生日快乐！

爸爸
十六日

　　你现在是大姐姐了，对弟弟要好好帮助、教育。以后不好再跟他吵架了。

一九六四年十一月二十一日

小林：

　　信收到。我们都想你，我们也很高兴你能坚持工作。你还想起我的生日，谢谢你。你没有料到我明天要去奉贤学习参观。时间是两个星期，我们一部分人住在公社，这是市政协组织的，主要是看农村中的阶级斗争，本来安排大家住在闵行饭店，每天早去晚回，我们一些人要求住在下面，可以多看一些。生活比住在闵行差，但比你们却好得多了。到了农村，我会更多地想念你，但是也会拿你跟我比，你给了我不小的鼓舞。孩子，努力工作吧。书报等我回家后给你寄去，我要妈妈先给你买些《中国青年》。我看，你们工作紧张，单看《中国青年》也就够了。我这两天感冒，不大舒服，还有些事情要办。下次再谈。

　　祝
好！

爸爸
十一月二十一夜

一九六四年十二月二十八日

小林：

　　信收到。很高兴。我早就想给你写信，只是我相当忙，找不到写信的时间。今晚回旅馆稍微早一点，又没有客人，我想起你，拿出我为你留下的《东方红》说明书，我把它寄给你，让它替我向你祝贺新年，祝你今后在工作、锻炼、改造各方面都有更大的收获。关于你们的工作，和对一些事情的意见，你的话都不错，你下去两个多月，进步的确很大，希望这些进步能巩固下来，我相信你一定能办到。别的话等你春节回家时面谈。顾阿姨家我去过，小弟也已下去搞"四清"。万叔叔①家也去过一次，邓阿姨她们都好。大大住在这里，我见过几面，她常问起你。我们这次会开得很紧凑，我下月五、六号便可以离开北京。桂未明的爸爸已经回上海去了，我在这里见到他。

　　祝

好！

　　　　　　　　　　　　　　爸爸
　　　　　　　　　　　　十二月二十八日

---

① 万叔叔：万家宝，即曹禺（1910—1996），剧作家。

一九七六年三月十日

小林：

　　来信昨天收到，小祝①也在昨天夜里回来了，看了你的信。我们一家都好。孃孃②和她老同学在杭州玩了三天，同小祝一起回来。小祝来得正好，端端③今天上午要到卫生站种牛痘，由他抱去方便些。端端很乖，但是大小便还常常遗在尿布上。没有别的办法，只能随时提醒她。冻疮渐好，不会留痕迹，用不着担心。小棠的事并无大的进展。他去问过几次，说是区里最近要讨论。究竟怎样，还不清楚，总之街道乡办已经通过，上报了。而且每月可以到街道乡办借领粮票。刘志康的婚事听好姐姐说，大约在秋天办理，现在在做准备工作。刘大杰④又来找过我，见到了，没有什么事情，只是看我身体好不好，谈一些最近情况。他说《发展史》卷二快出版了。去山区老根据地参观，是很好的学习机会，要认真学习啊。到宁波姑婆家去过没有？

---

① 小祝：祝鸿生，李小林丈夫。
② 孃孃：李瑞珏，巴金的十二妹，又称十二孃。
③ 端端：李小林之女。
④ 刘大杰（1904—1977）：文史学家、作家、翻译家。著有《中国文学发展史》。

匆匆，后谈。祝
好！

               尧棠
               十日

一九七六年三月二十四日

小林：

你从宁波回来，想一切都好。小祝一定早走了。我们这里一切都好。端端也很好，真是生龙活虎的样子。喜欢吃山楂片。国炘①夫妇星期天到上海，住在我们家。好像国炘给你写了信。他们可能要去杭州。阿庆下个月要参加考察团去西藏，说是待七个月，他要小棠给你写信谈一件事，小棠又推到我身上，事情是这样：舅妈托福建朋友买了一个五斗橱，无法运到上海，说是只能运到杭州；阿庆已写信去，要那边的朋友把橱托运到杭州，由你们收下，就放在你们那里，将来再设法运到上海，橱运到杭州的日期大概是下月上旬。上次买的肉松好不好？此物长远不看见了。有天清早经过日夜商店，看见它，买了一包，下班后再去买，影子也没有了。别话后谈。

  祝
好！

棠
二十四日

---

① 李国炘：李采臣之长子。

一九七六年四月三日

小林：

　　信收到。你要的两本书，其中《水浒评论资料》听说印好未发，我们都还没有拿到。《马恩列斯论文艺》我想总可能找到，当托好姐姐试试看。

　　国炘准备十日去京，马小弥①欢迎他们去。他们从北京就回银川，在京住不了几天。在上海他们买了些东西，去苏州玩过一天。

　　我学习如常，每周两次。只是三天前感冒了，吃了药，还未完全好。

　　你也要注意身体。端端乖，调皮依旧，大便开始会叫人了，但小便还不行。

　　祝
好！

棠
三日

小祝回来了吗？

---

① 马小弥：马宗融教授和作家罗淑夫妇的女儿，早年曾受巴金抚养。

一九七六年四月十五日

小林：

十二日来信今天收到。我的感冒刚好。小棠也感冒了，时间拖得久些，但也渐渐好了。端端也有点感冒迹象，我们给她吃了几次感冒冲剂，也好了。好姐姐最近一直不大好，是吃坏了，"全休"了好些天，现在也好多了。她说书已托安琪给你寄出。不过那本关于《水浒》的资料不是你要的那种。我问过小叔叔①，据说你要的那种早已印出，但只发过一次，送给少数业余作者，后来就没有再发，我们都没有拿到，不知什么缘故。以后如再发，当可以为你找一本。国炘夫妇十日离开上海，有信来，说是十一日到京，在马少弥②家中住五天，十六日回银川。他们送你一张结婚照片，在我这里，等你们回来时面交吧。小棠的事本来说是十日区乡办要讨论（嬢嬢在里委听说十日可批下来），现在可能又要拖些时候，小棠自己常到街道乡办去问。区乡办他也去过，但见不到主办人。

---

① 小叔叔：巴金的小弟弟李济生。
② 马少弥：马宗融教授和作家罗淑夫妇的儿子，早年曾受巴金抚养。

有几件事情：

一、姑妈①要我告诉你们，回来时给端端带一个小菜篮（像你们替孃孃买过的那种），她喜欢玩菜篮。

二、奶粉剩下不多了，回来时带一瓶来。

三、小棠要我告诉你们：蔡伟德托买一个保暖杯。

听孃孃说杭州现在也买不到保暖杯，倘使有买到的机会，我也还要买一个。

四、小庆明天动身去西藏，上次讲过舅妈在福建买五斗橱的事，倘使橱托运到你们那里，就放在你们处，等机会再运到上海。如能由福州直接运上海，那就不再经过杭州了。

祝
好！

棠

十五日

小祝同此不另。

---

① 姑妈：李琼如，巴金的九妹，又称九姑妈。

一九七六年四月二十二日

小林、小祝：

　　昨天寄了两封信到小祝处，后一信是在汪瑛同志来找我以后写的。她要托你们替她的爱人买茶叶和奶粉。我在那封信里曾说，你们如无办法可找黄源。今天收到黄源[①]的信说："汪瑛托带奶粉和茶叶，奶粉最近没有，新茶未上市。"因此我再写一封信给你们：奶粉不买不要紧，茶叶最好买到带来，她说过新茶未上市，可买旧茶叶。她爱人嗜茶如命，离不开茶。等新茶来不及了。别的话面谈。

　　祝
好！

　　　　　　　　　　　　　　　　棠
　　　　　　　　　　　　　　二十二日

[①] 黄源（1906—2003）：现代作家、翻译家、编辑家。

一九七六年五月二十日

小林、小祝：

　　你们两人的信看到了。小棠去后十天，无信来，大概无大问题。顾轶伦礼拜天来过，这两天未来。他来时我会把你们的意思对他讲。好姐姐来时，我也会托她去弄《水浒资料》。那十本是小棠拿介绍信去买的。据小棠说，当时那位姓陈的说过："你们就只要十本吗？"听那口气，他身上若有钱，多买几本不成问题，但现在已过了两个星期，不知道还有无存书？等好姐姐去问问看。马少弥说是二十五左右来。端端很好，针打过了。

　　祝

好！

尧棠

二十日

一九七六年六月十三日

小林、小祝：

先后收到你们两个的信，东西早已交张同志带去了。电风扇没有消息，你们需要，是否把家里一把"奇异"牌旧的带去，不过过去用的是一百一十的电，现在得改为二百二十，拿去后要在那边改一下才好用。究竟怎样，望来信通知。托好姐姐代购台灯送刘事已对她讲了。你们走后两天，端端就发烧，接连去医院两次。后来又感冒咳嗽，好姐姐把安琪的阿姨请来两次，现在已经好了。（不过，这次生病，她始终没有睡倒。）小棠本月七日开始到街道乡办帮忙，暂时在团委青少年教育组工作，按时上班，晚上还要学习或到里委向阳院开会，今天要接外宾，够他忙的，不过他的情绪很好。昨天听草婴[1]说，徐汇下次分配不会等得太久。孃孃也听人说快了。马少弥来信说他们十一日离开北京，要先到别处，然后才来上海，大约在本月下旬吧。大叔叔[2]已在办理退休手续，说七月底要来上海，参加孃孃六十岁的生日。

---

[1] 草婴（1923—2015）：翻译家。

[2] 大叔叔：巴金的大弟弟李采臣。

别的话下次再谈,寄来的钱收到。
　　祝
好!

　　　　　　　　　　　尧棠
　　　　　　　　　　　十三日

一九七六年六月十九日

小林、鸿生：

　　上次给你们的信想早收到，但是关于电扇的事你们未写回信来。昨天丁凡同志来我处，我只托他带去赤豆和红枣，这是姑妈和孃孃包的，红枣是马绍弥①刚刚带来的。绍弥昨天刚到，住在吴淞上钢某厂，他准备工作结束后多留两三天，在我们家小住。电扇新的一时买不到，我看，把旧的拿去用用也可以，你们可以考虑。小棠还在街道乡办帮忙，相当忙，据说每月也有津贴（二十元），够他的零用了。我还好。端端也很好。大家都好。你们也要保重啊！

　　祝

好！

尧棠
六月十九日

---

① 马绍弥：马少弥。

一九七六年六月二十二日

小林、小祝：

　　以前寄发的信想均收到。今天天热，江阿姨①说要给端端换席子，我去二楼放席子的地方找了一通，没有找到端端去年用过的席子。姑妈说去年小林从一床旧席子上剪下一块滚了边铺在端端的床上，但这块席子却不在那堆旧席子里面。现在只好勉强用别的来代替。小林上次还提起给端端换席子，那么记得放在哪里吗？

　　虞医生今天上午来我家，我在单位学习，九姑妈和孃孃见到他，他说在杭州看见了小林。

　　今天收到你们的刊物。

　　祝

好！

　　　　　　　　　　　　　　　　尧棠
　　　　　　　　　　　　　　　　二十二夜

———————

① 江阿姨：家中保姆。

一九七六年六月二十七日

小林：

　　信收到。少弥昨晚住在我处，今晚就要回吴淞，明天要搞总结，据说后天可以结束。以后也打算在我家住两天就回北京，你来大概看不到他了。我前天闪了腰，贴着膏药，不厉害，还可以去参加学习，但年纪大了，和以前毕竟不同了。端端最近生病，发过高烧，打了针，退了烧，但一直不大好，晚上也吵。九姑妈没有经验，常常着急。你在学习班结束后请假回家看看，出点主意也好。

　　要注意饮食，注意身体。

　　祝

好！

尧棠
二十七日

一九七六年六月二十八日

小林：

　　二十七日来信刚刚收到。我昨天上午已经寄出了一封信，讲了如下的事情：一、我上星期五闪了腰，现在贴膏药，今天又用热敷，虽然不厉害，但坐着写字有点吃力。二、端端近来常生病，你能回家看看，出点主意也好。三、马少弥出差时间不长，月初两三号就要回京，现在住在吴淞上钢厂。我在信封上写着："龙游，龙游招待所浙江省文化局学习班李小林。"我想有可能送到你的手里。否则你去问问招待所传达室。
　　不多写了。
　　祝
好！

　　　　　　　　　　　　　　　尧棠
　　　　　　　　　　　　　　　二十八日五点

　　端端床上的小席子已经找到铺上了。

一九七六年七月二十三日

小林：

　　二十二日来信收到。家里人都好。上海这两天也很热，但还不是"热不可当"。端端很好，一天跳跳蹦蹦，很有劲，痱子生了一点，不厉害。我买了小儿痱子粉和小儿痱子水给她用。你走后，她晚上闹得不厉害，只是梦中叫了一阵"妈妈"。前天自己讲要买火车票到杭州去看妈妈。我的腰基本上好了。可能不会再有反复了。小棠说梁骅叫他问你，电风扇有货，七十几元，九寸，可以转头，有三种速度等待，你们要不要？我看你们用不着另买了。我那个给你们，够用几年了。七十几元的恐怕也好不了什么，何必多花钱。桐庐招待所倘使是"文化大革命"前修建的，那我就住过。别话后谈。

　　祝
好！

尧棠
二十三日

一九七六年八月十一日

小林、小祝：

电扇已由来人拿去了。这两天上海也热。小棠已分配益民食品三厂，星期一去报了到（王辛笛①就下放在那里）。今天开始劳动了。端端很乖，但仍然小便不会叫人。她要"吃奶奶"，如方便给她买一瓶奶粉来。王仰晨②、李健吾③都有信来。马少弥姐弟尚无消息。我已去了信，过两天总有回信来吧。裙子应当收到了，是孃孃代寄的。

别的话下次写。你们最近怎样？要注意身体。
祝
好！

尧棠
十一日夜

---

① 王辛笛（1912—2004）：诗人。

② 王仰晨（1921—2005）：别名王树基。人民文学出版社编辑，出版家。

③ 李健吾（1906—1982），作家、戏剧家、翻译家。

一九七六年八月二十三日

小林、小祝：

小林信收到。家里人都好。端端很乖，可以给我拿拖鞋放东西了，只是小便不叫人的缺点，还改不了。此信给好姐姐看过。

我很好，房内光线差，我工作时搬了小圆桌在廊上做。这两天晚上还凉快。

有件事托你们办一下。唐弢①说他记不起在《浙江文艺》还是《杭州文艺》上有一篇董秋芳②写的关于鲁迅先生的文章，我答应为他找一份。你们给我查一下，倘使查到就寄一本给我，让我转送唐弢。千万不要忘记。

要注意身体。李致有信来，成都地震很轻，只是摇晃了一下。晚上发警报，第二天早晨解除。

祝

好！

尧棠

二十三日

---

① 唐弢（1913—1992）：作家、文学理论家。
② 董秋芳（1898—1977）：作家。

一九七六年九月十五日

小林、小祝：

　　信收到。家里人都好。九姑妈说你们月底回来时，不要忘记给端端带一瓶奶粉来。我本来主张不再给端端吃奶粉，但九姑妈说恐怕不行，她要我一定写这封信。别的以后面谈。
　　祝
好！

　　　　　　　　　　　　　　　　尧棠
　　　　　　　　　　　　　　　　十五日

一九七六年十月十三日

小林、小祝：

信款都收到。前几天姑妈、我、嬢嬢先后感冒，现在渐渐好了。端端倒没有病。小林的书已找到。

大大逝世，想不到这样快，而且就在你们回沪的时候！否则你们还可以替我送个花圈，去向她的遗体告别。

嬢嬢托你们再买一瓶奶粉，小林出差时带来。昨晚福庚①来看我，他来上海改电影剧本，就住在二百八十弄。刘大杰的《文学发展史》第二册出版了。别的话下次谈。黄源叔叔已有信来。

祝
好！

棠

十三日夜

---

① 福庚：作家、编辑。

一九七六年十月十七日

小林、小祝：

信收到。砸烂"四人帮"，大快人心。在上海，十四日夜交大学生已在淮海路游行，高呼打倒四人的口号。十五日街上已有大标语，康平路、淮海路、外滩一带炮轰马、徐、王①的大字报很多，昨今游行的人不少。我们室里十五日夜传达，十六日下午开全社大会，会后游行。《盛大节日》②是为"四人帮"树碑立传的大"毒草"，《盛》剧组有"坚决拒演《盛大节日》"的大字报。上海人民也把"四人帮"恨之入骨，不亚于外地。"消除四害"是今年的一件大喜事。

祝好！

尧棠

十七日午后

---

① 马、徐、王：分别指马天水、徐景贤、王秀珍。马天水（1912—1988），"文化大革命"期间曾任中共上海市委书记、市革命委员会主任；徐景贤（1933—2007）、王秀珍（1935— ），"文化大革命"期间均曾任中共上海市委书记、市革命委员会副主任。

② 《盛大节日》：应为《盛大的节日》，1976年在上海上演的话剧，后拍成电影，因"四人帮"被粉碎未上映。

一九七六年十一月十六日

小林：

　　鞋子收到。《鲁迅书信集》一定给你一部。赵朴初的《三哭》①寄给你，这是北京朋友给我寄来的，大家都在抄，孃孃抄了三份，现在寄一份给你们，她还给小祝寄了别的一些材料，说是小叔叔给你们的。你说要好吃的东西，我不知带什么好，就不带了。端端好，大家都好。《反听曲》等下次抄寄。

　　祝
好！

尧棠
十六日

---

①　赵朴初（1907—2000）：曾任中国佛教协会会长；《三哭》即《某公三哭》，20世纪60年代初期赵朴初创作的三首散曲。

一九七六年十一月二十三日

小林、小祝：

　　信收到。我今天问过顾轶伦，他说已得你们的信，《鲁迅日记》和《书信集》到得很少，无办法。我看找王树基也无用，找他买一两部可能无问题，多了就不便开口。他好久无信来了，不知是不是病倒了。

　　"四人帮"揪出后，中央派了苏振华[①]、倪志福[②]、彭冲[③]三位来上海领导工作。明天开庆祝大会，徐景贤、王秀珍还要上主席台，但他们问题不小。上海是"四人帮"的黑据点，非慢慢搞清不可。写作班的问题也很大。

　　我们家里人都好，端端也好。

---

① 苏振华（1912—1979）：时任中共上海市委第一书记、上海市革命委员会主任。

② 倪志福（1933—2013）：时任中共上海市委第二书记、上海市革委会第一副主任。

③ 彭冲（1915—2010）：时任上海警备区第一政治委员、中共上海市委第三书记。

不能出差,也得好好工作,那就在年底回来吧。

　　祝

好!

　　　　　　　　　　　　　　　　　　尧棠

　　　　　　　　　　　　　　　　二十三日夜

一九七七年二月七日

小林、小祝：

小林信收到。家里人都好。端端仍是活泼调皮，嘴动个不停，吃东西、讲话、管事、指挥人。我最近患感冒，一直未好，但并不厉害。上海下了两次大雪。天气冷，这是几十年未有的冷，从银川来的大叔叔和大婶婶①（她昨天来）都不习惯，我们倒熬过来了。

上海的运动在慢慢地进展，但是慢。现在我脑子也清醒了些。"四人帮"的流毒太深，他们利用报刊骗人说假话，他们把人们的脑子搞得乱糟糟，至今许多人还是在照"四人帮"的思想办事。不花大力澄清思想，不认真苦干一场，收效不大。这几天上海市民就在抢购东西：糖果、火柴、味精、毛巾。凭主观想法办事。毛巾很多，卖不光，后来就没人要了。"四人帮"毒害新中国到这样程度，真是罪该万死。

你们十四日回来吗？如方便，给我买根手杖带回来。上次下大雪的时候，我曾考虑到用手杖。现在体力差

---

① 大婶婶：陈宗浚，李采臣妻子。

了些。

　　《诗刊》收到。我记起来了。你们走后两天《诗刊》那位同志来看小林，感谢你们的热情接待。

　　　祝
好！

　　　　　　　　　　　　　　　　尧棠
　　　　　　　　　　　　　　　　七日

一九七七年三月九日

小林、小祝：

　　小林八日来信收到。托老宣带来的麦乳精早收到了，椅垫来不及交给他，因为他把东西送来没有坐就走了。问他什么时候返杭，他说还未定。

　　鲁迅先生迁墓照片本来我全有，但这次全拿走了。你寄给我也好，不必急。

　　家里人都好。上海运动进展较慢，的确有拖的现象。寿进文①春节来说，事情一件件解决。上面已经知道，会解决的，要我安心等待。你已经知道了。一个多星期以前北京新华社两个记者来了解我的情况，他们说是先同周晔②谈过，他们连我楼上工作的小房间也看了。我估计他们会写个内部的情况汇报。编译室的人告诉我，出版社也已提出我的问题，但解决问题关键不在出版社，他们说总可起点制造舆论的作用。听说有些人在替我讲话，有些人提出我的问题。越拖下去，讲话的人越多。因为政策摆在

---

① 寿进文（1910—1996）：上海财经学院教授。
② 周晔（1926—1984）：周建人和王蕴如之长女。

那里，我自己用不着讲话。我现在着急的，是我的翻译，最近在赶抄改译好的第二卷①，其实所谓"赶"也不过是每天千字，连第一卷一共抄好二十万多一点，把第一卷抄完还要两个月。我的事如果彻底解决，我就可以去联系译稿出版的问题。当然出不出赫尔岑一类的书也还要经过出版工作的一番讨论。过去"四人帮"不让出，但"四人帮"的流毒还很广、很深，是不是过去的或外国的东西都是封资修，还得搞清楚。树基来信说《林海雪原》和《青春之歌》五月要重印了，这是一件好事。

别的话下次谈，

祝

好！

芾甘

九日

《人民文学》今年送了我一份，我更不需要你们寄给我了。这期发表了家宝女儿万方的悼念总理的长诗，写得还不错。

---

① 第二卷：指俄国作家赫尔岑的回忆录《往事与随想》的第二卷。

巫宁坤①来信,查良铮②上月下旬患急性心肌梗死逝世。我还打算给查去信,没有想到他就去了。他年纪比我轻得多。又及

---

① 巫宁坤(1920—2019):翻译家。
② 查良铮(1918—1977):笔名穆旦,诗人、翻译家。

一九七七年三月三十一日

小林：

你们好吗？大婶婶和李国烁①她们来杭，你们一定玩得好。家里一切都好，请勿念。绵姐姐②有信给大叔叔，说她一个小孩学钢琴，老师问起是否有过去学琴用的旧琴谱。你想想看你用过的琴谱，有什么可以借给她小孩用的？Little Thompson还是别的？请告诉我。你是否参加这一期的工作队？是否要回家？橱，阿康已送来，现在等小华的消息。奶妈参加生产组，下班回来，仍在外公家劳动，但外公生活有困难。好姐姐最近身体不大好。

祝
好！

棠
三十一日

问候小祝！也问候大婶婶李国烁她们！

---

① 李国烁：李济生之长女。
② 绵姐姐：李国琰，李采臣之长女，又称绵儿。

一九七七年四月二十一日

小林、小祝：

　　前两信想已收到。昨天晚上周晔同志陪洪泽①、马飞海②二位同志来看我，说我过去的结论是"四人帮"搞的，已撤销，另作结论。正在办这件事，现在文化局已同意先把房子打开，生活费也可多取一点。洪泽同志并说，时间不会久；又说他们是代表党来看我的，市委也关心这件事。这样，事情已经弄清楚了，我看下月内就可以彻底解决。以后你们不用寄钱回家，不过你们自己也得精打细算，存点钱。

　　关于我的事不再写信告诉你们，等你们月底回家详谈。见到黄源叔叔，可以把这件事告诉他。

　　祝

好！

芾甘

二十一日

大叔叔明天动身，票已买好。

---

① 洪泽（1918—1998）：曾任中共上海市委宣传部副部长。
② 马飞海（1916—2013）：曾任中共上海市委宣传部副部长。

一九七七年六月二日

小林、小祝：

信收到。文章并不好，但讲了真话。"四人帮"的帮八股就不讲真话。我写文章并非为了"亮相"，更不是作检查，唯一的目的是冲一下"四人帮"的文风。报馆还把文章送给车文仪①同志看过。

《鲁迅书话》有人想要，如可能再给我找五册，照付成本费。

文艺座谈会开了整整一星期，相当累，还有一个报告会，也许过一两周举行。罗荪②比我更忙。

别的话下次谈。

祝

好！

芾甘

二日

---

① 车文仪（1919—1999）：曾任中共上海市委常委、宣传部部长。

② 罗荪：孔罗荪（1912—1996）：作家、文学评论家。

一九七七年六月十一日

小林：

　　信收到。欢迎你们回家。我最近相当忙，不过身体还不错。
　　我在文艺座谈会上的发言稿，今天发表了，寄给你们看看。
　　祝
好！
　　　　　　　　　　　　　　　茅甘
　　　　　　　　　　　　　　十一日夜

　　问候小祝。

一九七七年七月十日

小林：

　　信收到。我在统战系统大会的发言稿讲"四人帮"的迫害稍微多了些，但发言稿交出去了，自己没有底稿。现在把第一次发言稿抽出三张寄给你，用后寄还。关于总理也寄三张今年一月写的发言稿给你作参考用。陈同生[①]的事一时讲不清楚，但有一点很明白：他在隔离期间怎么会到煤气间自杀？据说他有信给儿子说他绝不会自杀。他知道的事情多，三十年代江青、张春桥的事情他知道不少。

　　我七三年"解放"的背景我也不明白。小道传说他们要给我戴反革命帽子，主席说五四时期无政府主义和别的思想一起传到中国来，当时年轻人各种思潮都接受过，不要戴帽子了。但他们还等于给我戴了帽子，《军阀》电影也不让看。七五年派我到出版社，是因为小平同志抓落实政策。《英雄儿女》上演找我谈话。我很小心，说完全是编导的成绩，但单位里的人说我翘尾巴。四连军宣队负责

---

① 陈同生（1906—1968）：曾任中共上海市委统战部部长。"文化大革命"中受迫害，1978年7月平反昭雪。

人对我说,"这个影片虽然放映,内容还是有问题"。因为前几个月他还带头批评我的战争文学,批评这部影片。

别的话以后再谈。你倘使要发言,就得认真准备一下。

祝好!问候小祝。

芾甘
七月十日

我上信给你们一本《辞海》(古代历史部分),如还在手边,就给我寄回来。我以后给你们另寄新的版本。

一九七七年七月十四日

小林：

　　茅盾①来信，说"《浙江文艺》尚未收到"，盼早寄出。我已替你们拉了稿，你得写信去，字迹要清楚。沙汀②在写中篇。

　　姑妈说再给端端买点桔子汁粉。

　　辛笛说送刊物和《鲁迅书话》给石仰山③（地址他下次写来）。九月你们回上海，买点茶叶或杭州土产送给石家。

　　小祝的脚究竟有多大进展？上海酷热，你们那里更不好受。要保重身体！

---

① 茅盾（1896—1981）：原名沈德鸿，字雁冰。作家、文学评论家、社会活动家。
② 沙汀（1904—1992）：原名杨朝熙，又名杨子青。作家，与巴金、张秀熟、马识途、艾芜并称"蜀中五老"。
③ 石仰山（1931—2015）：上海石氏伤科第四代传人，国医大师。

祝
好!

　　　　　　　　　苘甘
　　　　　　　七月十四日

一九七七年七月二十二日

小林、小祝：

　　小祝来信收到。知道你们的近况，很放心。石仰山的地址寄给你们。茶叶尚未收到。我前信讲的《辞海》寄出没有？听说三中全会①公报今晚发表。这是大好消息。你们想已知道了。别话后谈。
　　祝
好！

芾甘

二十二日

---

①　三中全会：1977年7月16日至21日在北京召开的中国共产党第十届中央委员会第三次全体会议。

一九七七年九月六日

小林：

信收到。我最近很忙，就没有给你们写信。文章只写了一篇，即给《上海文学》的短篇《杨林同志》，两万两千多字。写完它，我感到很累，没法再写别的稿子，我究竟上了年纪了。我没有听到什么消息。这几天房管所来修围墙，还要换铁门。找茅公①写稿很难，因为他眼睛不好，身体也不好。冰心②那里我过两天写信去试试看。你得自己动手写信。中岛③来，我一直陪他活动。铁托④来，我参加了宴会。统战小组要开纪念主席逝世一周年大会，我还得准备发言稿。别的以后再谈。另外寄给你一册《人民文学》。知道小祝脚有进步，比较放心了。

---

① 茅公：茅盾。
② 冰心（1900—1999）：原名谢婉莹。诗人、作家、翻译家、社会活动家。
③ 中岛：即中岛健藏（1903—1979），日本友好社会活动家，评论家。
④ 铁托（1892—1980）：原南斯拉夫社会主义联邦共和国第一任总统。

祝

好!

小祝均此。

甘六日

一九七七年十一月二十二日

小林、小祝：

信收到。杜宣①同志带来的东西也收到了，奶粉已转交李国薇，她问多少钱，九姑妈答不出来。我仍忙，身体总是不大好，事情总是办不完，没有时间写文章。不过我会保养身体，你们不用担心。关于落实政策问题，文化局有人来谈过，等到把抄家物资款项等等弄清楚了，就退还存款，现在在清查，这是第三战役的一个组成部分。王树基有信来说，已收到小林的信。书，手边有的已送光了，如找到就寄给你。《世界文学》给你留着。家宝的大女儿万黛前几天来看过我，她在你去京之前，就到南方来了，她还带来万叔叔的信，却不知小林去过北京。我们都好，你们放心。彭新琪②来问我要不要寄刊物给你们，我说既有交换刊物，就不必另外寄给你们。

---

① 杜宣（1914—2004）：作家。
② 彭新琪（1929— ）：作家、编辑。

别的话以后谈。
　　祝
好!

　　　　　　　　　　　　芾甘
　　　　　　　　　　　　二十二日

一九七七年十二月四日

小林、小祝：

　　冰心来信，有一段话要我抄给小林："小林来了，出我意外，给她送了一篇稿，也是意外……我就写了一封信当作稿子，她来信要我出题目，我想就叫做《一封信》之类吧，这也是跟你学的。"看这信，用《北京来信》作题目或副标题是没有问题的。

　　我嗓音已恢复，但还在咳嗽，病可能还要拖一些时候。

　　祝

好！

　　　　　　　　　　　　　　　　　　　　　　　　芾甘

　　　　　　　　　　　　　　　　　　　　　　　　四日

一九七七年十二月七日

小林：

五日信收到。我的病尚未痊愈，仍不大舒服。冰心的信寄上。我前天也给你寄了一封信，信中抄录了冰心的一段话。王树基有信来，说给你找的书准备寄到我处，他寄来就转给你。

《十字军骑士》找到一部，总比没有找到好。

别的话以后再谈。

祝

好！

芾甘

七日

问候小祝。

一九七七年十二月十五日①

小林：

明天是你的生日，爸爸想念你。

祝你身心愉快，身体好，工作好。我昨晚给你打了电话，可是据说没人接，我问你：怎么搞的？下一次白天打个电话试试。我估计五届人大开会不会在年内，你春节回家也好。我还是忙，身体不大好，但也无大毛病，是整个地衰老了。家里装了个红外线炉，烧煤气，用起来很方便。料子给嬢嬢用好些，钱不用她出，我打算送给她。我向"人文"外编室要了一套《战争风云》准备送给你们。别的下次写。

　　祝
好！

问候小祝。汝龙②处我已写了信去，但尚无回音。不知是否他的病又发了。

----

① 此信原无落款。
② 汝龙（1916—1991）：翻译家。

一九七七年十二月二十五日

小林、小祝：

你们的信收到。本来耿可贵①来说要去杭州，约好把衣料带去。结果至今未来，不知何故。

我现在在开市政协会，要开到月底。我并未给《人民日报》写文章，只有一个座谈会发言稿，是他们替我整理出来的，我作了些补充。我只给《上海文艺》写了篇散文，主要是纪念陈老总②，约三千多字，已交稿了，短期内不打算写短文，我的确需要休息。

向汝龙要契诃夫短篇似乎迟了些。《上海文艺》已要过了，他寄来了两篇。译文出版社要稿，汝龙又把译好、编好的三本寄去了。《杭州文艺》有什么具体要求？告诉我，我就写信去。

嬢嬢问：小祝答应寄两本什么书给小彭，为什么不寄去？又，嬢嬢要你们代买一部《十字军骑士》，我要两部。

---

① 耿可贵：（1934— ）：剧作家。
② 陈老总：陈毅（1901—1972），中华人民共和国十大元帅之一。曾任国务院副总理、军委副主席、外交部长，上海市人民政府首任市长。

明天上午要去开会,不写了。
　　祝
好!

　　　　　　　　　　　　　　苇甘
　　　　　　　　　　　　二十五日

一九七八年一月三日

小林：

信收到。料子做裤子可惜，孃孃说她要，你下次就带回来给她吧。你们要可以另买。《家》已寄上四册，不准备多给你们了。你们还想要，只有等书到上海后设法。我在上海预订了三十册，但不一定可靠。我开了一个多星期的会，相当疲劳，不多写了。《十字军骑士》能给我搞一部吗？

祝

好！

芾甘

三日

端端身体很好，不过也很调皮，大家喜欢她。我去京出席人大时，小林是否准备去？又及

一九七八年三月一日

小林、小祝：

　　小林二十七日来信收到。我决定在会后留下来换个旅馆住几天看朋友，也决定叫小林来京，会议大约在五六日结束。我要等会议结束才发电报。你不等我的电报先来也行。反正我已把路费留在九姑妈那里。你来时还要给我带两百元来。沙汀尚未见到。王朝闻①的文章，你直接去联系吧，现在我找不到沙汀，也找不到王（沙汀现在是中国文研所所长）。我们在会议期间不外出不会客，因此我什么人都未去找。马少弥也未见到。他和他姐姐都有信来，我只能在会后同他们联系。你来京可找马少弥接你。我估计我要换旅馆最早也在本月七日。

　　别话以后面谈。

　　祝

好！

芾甘
三月一日

---

① 王朝闻（1909—2004）：文艺理论家、美学家。

一九七八年四月三日

小林：

　　前信想已收到。有一件事通知你：碧野①同志将于本月五日上午六点零三分乘二一五次车由沪去杭，希望你们到车站去接他（软卧）。他是个矮胖子，六十岁光景，揭下帽子，头顶全秃了，看起来有点像大干部。他行前《上海文艺》还要给《浙江文艺》发个电报。
　　祝
好！

　　　　　　　　　　　　　　　　　　　　芾甘
　　　　　　　　　　　　　　　　　　　四月三日

　　小祝均此。
　　碧野的目的地是新安江。又及

---

① 碧野（1916—2008）：散文家。

一九七八年四月十六日

小林、小祝：

你们好！

书四本已寄出。外一本外国短篇和一本徐迟[①]的书。

《十字军》四部收到。如方便再找一部，下次带回来。

据说你们调沪的报告市委已批下来了。详情我还不清楚。

孔叔叔[②]二十日去京。

我身体不大好，但还能工作。

小叔叔去武汉然后转四川组稿。

柯灵[③]月内要去杭转绍兴看看。

祝

好！

芾甘

十六日

---

① 徐迟（1914—1996）：诗人、作家、文学评论家。
② 孔叔叔：孔罗荪。
③ 柯灵（1909—2000），电影理论家、剧作家、文艺评论家。

致 李小棠

（1950—　）巴金之子

一九七三年六月二日

小棠：

小林夫妇给你写了两封信，我就不多写了。

看到你的信，大家都高兴。希望你保重身体。

我很好。眼睛虽然还有点毛病，但最近几天九姑妈每天三次给我点眼药，也有些好转了。只是大家都想念你。

你抄来的两句英文，我未见全书或上下文，也无法懂原文的真义。我查《英文成语辞典》*this and that* 作"种种、各式"解释（it signifies various things）不知能否解释得通？

望常来信，你走后，我就依你的话，每天晚上关好百叶窗，你不用挂念。

祝
好！

尧棠
六月二日

何嘉灏五月二十八日有一信给你,由他哥哥送来,现在你已到了明光①,用不着看信了,因此便未给你转去。

---

① 明光:安徽省辖县级市,李小棠在该地插队。

一九七三年七月十二日

小棠：

十日来信收到。今天早晨小林已给你写了信。我们希望你不要急于回上海。晚上孃孃从小叔叔家里回来，她对小叔叔谈了你来信的内容，她说小叔叔的意见也是要你在那边等到通知发下才走，据说本人不在，有时会出问题，即使有被录取的可能，也会被人搞掉，他参加慰问团遇见过这种事情。你谈到政审问题，说"看作协是否帮忙"。这方面不会有问题。这个星期一（九日）作协工宣队负责人找我谈话，文化局也有人参加，告诉我，我的结论已经批下来，作人民内部矛盾处理。后来问我有什么要求，我只提出你考学校（和小林留沪）的问题，文化局的同志和作协工宣队负责人都同意去联系（小林的问题工宣队已联系过，学校早同意留下她），这不是帮忙不帮忙的问题，也不是"开后门"的问题。因此你可以放心。但倘使别人考试成绩全比你好，那就没有办法了。

总之，我们都希望你等到考试录取通知发出后（不论录取与否）回家，你如有什么困难，请写信来，我们会给你解决。

祝

好！

父字

十二日夜

一九七三年九月一日

小棠：

二十八日晚寄的信今天收到。小林马上写了回信，我的意见同他们夫妇一样。我们都替你感到不快。我们的希望落空了。不过有什么办法呢？你也只能尽力为之而已。明年还有希望吗？我看要紧的还是身体。进不进大学是小事，考中技也是一种抽调的办法，你自己看怎么行，就怎么办，不要急坏了身体。既然填了表，应考时就得认真，尤其是回答政治方面的考题。总之，由你自己好好考虑决定。我们总是支持你的。

外公在十天以前搬回来了，约我们去吃了一顿饭，他很关心你，已问过了你的情况。其他一切照常。大家都好。

祝
好！

尧棠
一日晚九点半

嬢嬢回来，我和她谈起，她也认为应考时不可以交白卷，宁可考取后借故不去，万不可以交白卷。

致李旴之

（1984——）巴金孙女

一九九〇年八月四日

我的小晅晅：

你好！收到你的信，好像见到你本人。我跟你分别一年了。老爷爷多么想念你！这一年来我什么地方都没有去，因为腿痛，行动不便，除了华东医院外，什么地方也去不了。这样一个大上海这几年变化很大，可是老爷爷一点也没看见，一点也不知道。你看老爷爷多可怜。晅之可以到处跑，老爷爷只好坐在小桌前面。

老爷爷真想念晅之。照片看到，可是不像老巴金看惯了的小宝贝了。这个美丽的"西方化"小姑娘老爷爷还不熟悉，你得让我多见见你，看看你的笑容。你在信上说你会说英文，老爷爷很高兴。可是我下次同你见面时希望你不忘记说中国话。老爷爷爱你，我的好晅晅，我相信还可以见到你，我给你留着两件礼物：一、来回飞机票一张；二、我的《全集》[①]一部，希望你有机会读它。

[①] 《全集》：指《巴金全集》。1986年至1994年由人民文学出版社陆续出版，共26卷。

问候你妈咪。祝

你好!

>老巴金
>八月四日

一九九一年十月二十日

亲爱的小咡咡：

　　你好吗？好久没有给你写信了。老爷爷实在想念你。我生病，不出去参加社会活动，有好几年了。现在仍然是每两个星期去医院检查一次并拿药，很多时间都在家里，做编辑《全集》的工作。经常有客人来，有时大家说说笑笑也很热闹。但是一旦静下来，或者因为疲倦不得不休息的时候，我总是看见你在我的眼前，或是跳，或是跑，或是笑，还是在上海的你，我多么想看见今天的你啊。

　　今天是星期日，大家都在家，你爸爸也不去上班。我坐在客厅里一张小桌前，给你写信，我知道你很忙，也很快乐，你不会想到爷爷。这没有关系，我手边有和你在一起拍的照片，多看看照片，就好像爷爷又同你在一起一样。我不会忘记你，一天也不会。爷爷希望你玩得很高兴，学习有好成绩，弹钢琴进步快。

　　问候你的妈咪。

　　老爷爷亲亲你。

爷爷老巴金
九一年十月二十日

一九九一年十二月八日

亲爱的小晅晅，我的小孙女：

收到你寄来的生日卡，我很高兴，好像你就站在我的面前同我谈话一样。我更高兴的是你说明年五月要回家看我，住一个月，那么我天天看到的晅之不单是不会讲话的照片，而是一个有说有笑的小姑娘！老爷爷写到这里忍不住放下笔一个人笑起来。我要好好地接待我的小客人，我要早早地作好准备，让你爸爸带你出去玩，使你在国内过得愉快（去杭州看看西湖的风景，在上海看看这几年新的建设）。老爷爷很想念你，我有多少话要对你说，你一定有多少故事讲给我听，下次再说吧。

我交了一百元给你爸爸，这是送你的圣诞礼物，你高兴买什么就买什么吧。

祝
好！

老爷爷
十二月八日

问候你妈咪。

一九九二年四月十二日

亲爱的小晅晅：

你好！爷爷很想念你，天天都在想你，没有给你写信，还是那句老话："有病，写字困难。"的确老爷爷不能跟你相比。你想象不到老爷爷是什么样子，你也不用想象老爷爷是什么样子，简单地说，小晅晅一天天在长大，老爷爷一天天在衰老，小晅晅越长越高，老爷爷越长越短，但始终不变的是爷爷对晅晅的爱。

我多高兴地等着小晅晅归来，不说一个月，就是一个星期我也很满意了。我答应送给晅晅的书（我的《全集》）留在客厅里，已经有十七卷了，它们也在等候你，现在你不需要它们，你也不需要老爷爷。对！但是将来有一天你会知道老爷爷是个什么人，他写了些什么书，他对你有怎样的爱，你会感到多一点温暖。……

这信到你手边时，你的生日也到了。我没有带给你生日礼物，我等你回来让你自己挑选。

其他的话以后再谈。

祝

生日快乐!

爷爷

九二年四月十二日

问候你妈咪。

多给我一张照片（眶眶近照）好不好？

一九九二年十一月九日

晅晅，我的小宝贝：

　　老爷爷谢谢你的信，我实在想念你。我常常看你的照片，轻声地唤你的小名，你的笑脸时时在我面前。你还是那样活泼，那样可爱。

　　我又老又病，左腿跌断，成了残疾人，但是想到你，我的脸上就出现了抹不掉的笑容，我高兴啊。

　　我羡慕你爸爸，他明年春天要去看望你们，和你们在一起欢度你的九岁生日。老爷爷没有办法，到时候只好请你爸爸替我买一样礼物送给你。

　　现在我又要开始做我的第二个梦，那就是小晅晅第二次回家和老爷爷共度我的九十岁生日。你回来吧。

　　写信很吃力，我不写了。再见。

老巴金

九二年十一月九日

问候你妈咪。

寄给你我们今年七月在上海的合影，你喜欢它吗？

又及

一九九三年三月七日

亲爱的小甪甪：

收到你的信，收到你的照片，我真高兴，老爷爷天天想念你。每天都听见你的声音。小甪甪并不曾离开我。你告诉我你同妈咪去了巴黎，你的信把我也带去了那里。我是在巴黎拉丁区开始我的文学事业的，那是六十几年前的事了，我今天还没有忘记，一九七九年、八一年我又两次到过那里，重游你信上讲的那些地方，好像一切都没有大的改变，我想到你的旅游，我觉得那些"名胜"把我和小孙女连在一起了。

我不是在写文章，我多么想见到你，你明年真的要回来吗？明年真的回来吗？老爷爷又老又病，不能作长途旅行，无法像你父亲那样飞到你身边，我只有等待小甪甪像小鸟一样飞到我面前，我盼望这样的一天的到来，我相信我一定见到这一天。那时候我的工作已经完成，我可以把准备好的礼物交给你，我送给你这一份礼物，只是为了让你知道你祖父是个什么样的人，他对你负什么样的责任，你可以丢开他奋勇前进，他的爱绝不是压在你肩头的沉重包袱，这二十六本书（我的《全集》）也不会妨碍你向前的脚步。我写字太吃力，你读汉字也吃力，我用不着唠叨地写下去了。你见到你父亲，见到你外公外婆，他们都那么爱你，不久以前他们都在上海接待过你。这次你们见面有多少话好说，你父亲会把我的爱和我的想念带给你，还有我送你的生日礼物，因为你生日就要到了，那么祝你生日快乐！这封信就托你父亲当面交给你。这就是说，我虽不能飞，但我的信和礼物可以飞到你的身边。见到你的笑脸，老爷爷高兴极了。亲爱的小Linda，我的小晅晅，再见吧，老爷爷等着你，亲你！

老巴金
三月七日，九三年

问候你妈咪！

致

张和卿

（1899—1980）巴金大嫂

一九七五年八月十一日*

大嫂：

信收到，知道你们的近况，很高兴。我们这里没有什么变化，只是最近几天十二妹和小端端都害了病毒感冒，现在好起来了。这两年我的眼睛也不大好，大约是用得太多，和你的情况可能不大同，听说你是患眼神经萎缩。卢剑波①来信也这样说，邓天六②去看过你，最近他们还要去看你。我一两年不会回川，但过四五年或者能走一趟。请保重身体。九妹要我写信向你要一点花椒面（或花椒），还要一点好的辣椒面。我每次给你或李致写信时都忘了这件事情，今天记起来了。

祝好！

问候大家。

尧棠
八月十一日

---

① 卢剑波：四川大学教授。
② 邓天六：邓天甭，卢剑波夫人。中学教师。

致 李采臣

(1913—2007) 巴金大弟弟

一九七六年十月二十八日

采臣：

　　看到你给瑞珏的信。你来上海的时候，如果方便，请替我买一部《红楼梦》带来。砸烂"四人帮"，除了四害，大快人心。人民无不高兴。党中央已经派了三位领导同志来上海领导工作，工作组到了各组办，"四人帮"的黑爪牙这次可以肃清了。
　　祝
好！

尧棠

二十八日

　　问候宗浚。
　　瑞珏说小彭托你代买《水浒》和《红楼》各二部，倘使还能买到的话。

一九八二年三月十八日

采臣：

信早收到。子明手稿①读后已挂号寄还了，请勿念。

我的身体仍不好，写字吃力。家中人都好，无大变化。

祝

好！

芾甘
十八日

问候宗浚。

---

① 子明手稿：子明即柳子明（1894—1985），巴金友人。韩国著名的民族独立运动活动家、教育家和农学家，中国人民的好朋友。自1919年6月来到中国后，将自己的一生献给了本民族的独立事业和中国的教育事业。手稿指柳子明回忆录手稿。

一九八二年五月二日

采臣：

　　信悉。对你们的意见我作了简短的答复，现将原来的纸条寄上，请你决定。

　　我写字仍困难，不多写了。最近去杭州住了十一天，刚回来。

　　祝

好！

　　　　　　　　　　　　　　　　　　　　苇甘
　　　　　　　　　　　　　　　　　　　　二日

一九八七年三月十二日

采臣：

来信和布同志的信都收到了。我同意你们重印《怀念集》，并出"增订本"。你补了七篇，我看没有遗漏了。不过我还想增加一篇《怀念健吾》，文章已经整理好了，现在寄给你，就放在最后吧，将来重排时再调整次序。稿费仍汇赠现代文学馆（我只要购二十册书）。要我写几句话，现在困难，倘使有办法，身体稍稍好一点，本月底下月初或可写几百字代跋。

祝
好！

芾甘
十二日

增补的文章排印时请注意校对：《怀念非英》港版最后少了一个"人"字；《怀念胡风》在《文汇》上发表时最后一段中"文艺工作者"乃"文艺工作"之误，多排了一个"者"字，请照"人文"版改正。（但"人文"版《再忆萧珊》第一个字应当是"昨"，误排成"晚"了。）又及

一九八七年三月二十日

采臣：

　　来信和布同志的信都收到了。你们要重印《怀念集》并出版增订本，我当然同意。你们增补了七篇文章，我又找到了第八篇，我看大概不会有遗漏了。可是把发表过的怀念文章重读一遍，我才明白不但有遗漏，而且遗漏太多！我还记得近两三年间常有人来信建议我为某某亡友讲几句话，或才谈谈我对某些故人的怀念，我又写了一些。我愿意写，我也应当写。不过我写得很吃力，这是由于我的病。我写得很慢，因为我是蘸着自己的心血在写作。好不容易写完了一篇，我叹一口气，仿佛偿还了一笔债。我下了决心：一笔一笔地还，一篇一篇地写，欠账再多，也要还清。我一直这样地相信。

　　但是现在坐在书桌，望着玻璃板上一些乱堆着的信件、稿纸和报刊，不知道该怎么办！我无法搬动这座"纸山"，也很难在桌上摊开一张篇纸顺利地写几行字。静静地坐着，默默地思考，不过一刻钟，我就感到十分疲倦。原来我是一个病人，我明白我不得不搁笔了。

　　搁笔，这不是空话。我并不想搁笔，但是笔不服从我指挥，手不听我的话，我越是着急，心越是跳得厉害，手也是越是抖得厉害。说明必须到此为止了。所有未写完的话，一切不曾倾吐的感情，今后都只好给咽在肚里，它们将作为灯油让我心里这盏长明灯燃下去，长久地燃下去。那么即使我无法再写出一个字，我也不会浪费我的有限的时光。我的思想还是要和我对朋友们的深切怀念紧紧地贴在一起。我的心也绝不会远离朋友们的心。即使不能用文字！我也可以用行为表示我的忠诚。

30年代我就说过我靠友情生活，而且正是友情使我几十年的生活有了光彩。从这方面说，我是一个幸福的人。但也可以说对我的许多朋友（不论是亡故的或者健在的，不论是年长的或者年轻的）我欠下了还不清的债。"还债"的话我讲了几十年，只有在没有精力继续动笔的今天，我才明白：反复讲来讲去的空话有什么用，倘使我不能做一件事说明我的忠诚。

我常常想起英国作家王尔德的两篇童话《忠实的朋友》和《快乐王子》。我绝不做那个自吹自擂、专说漂亮话的磨面师大修，我宁愿作冻死在快乐王子铜像脚下的小燕子。

巴金
一九八七年三月二十日

一九八七年三月二十四日

采臣：

《代跋》写好，现在寄给你，排印后请把手稿退还给我。新版印出，我要三十册（连赠书在内），书款从稿费中扣除，其余的稿酬请代捐赠现代文学馆。校样我不看了。

祝
好！

巴甘

三月二十四日

问候宗浚。

一九八七年四月三日

采臣：

　　信悉。你工作做得细，很好。"疑问"都解决了，我另外加了一小段，请补抄进去。这两张原稿抄录后仍请寄还给我。如发现问题，不妨来信商量。

　　余后谈，祝好。

芾甘
三日

　　问候宗浚。

一九八七年四月十二日

采臣：

七日信收到。对你的"提问"我作了解答。《代跋》我不想在报刊上发表。倘使出版社为了推销书需要发表它，那就由你们去联系吧。不过我希望不要去找《光明日报》。
　　祝
好！

　　　　　　　　　　　　　　　　　　　　　巴金
　　　　　　　　　　　　　　　　　　　　　四月十二日

向宗浚问好。

一九八七年八月七日

采臣：

　　信收到。增订本就照你说的那样排印吧。三处"××室"应改为"编译室"，人民文学版就是这样改的，它是译文出版社的前身，你写成"编辑室"，大概是笔误。

　　《代跋》手稿寄上，用后请寄还给我。

　　小林、国煣都到青岛去了。上海大热了几天，今天下午落了一阵雨，凉快多了，写这短信不觉得太吃力。

　　祝
好！

芾甘
八月七日

　　问候宗浚。

致

李济生

（1917—2022）巴金小弟弟

一九七八年□月八日

济生：

徐成时①要补译《悬崖》，要我给他找两册平明版《悬崖》。我这里只有一册，你那里如有，请借给我一用，交瑞珏带回。

祝

好！

　　　　　　　　　　　　芾甘

　　　　　　　　　　　　八日

问候胡莹②。

---

① 徐成时（1922—2010）：新闻工作者、翻译家。
② 胡莹（1923—1981）：李济生妻子。

一九七九年六月十九日

济生：

信收到。

等我回来面谈吧。不想多写了。杨静如[①]的文章在八月号刊出。《随想录》写到十八。法国报上的文章我有不少，不过那是法国人的看法。克朗西埃[②]的欢迎词是写好了稿子念的，念完他就把稿子送给我。我们却没有这个习惯。

下月回沪后再谈。

祝

好！

            芾甘

            十九日

问候胡莹。

[①] 杨静如（1919—2023）：杨苡。翻译家。

[②] 克朗西埃：时为法国笔会名誉主席。

一九八〇年三月二十七日

济生：

两件事托你办一下：

一、给汤永宽①一张书单，请代我转去。

二、法文书目请代我抄一份，送交西禾②。他住在新乐路多少号，我又忘了。

我仍忙，希望动身前能够休息一天，在日本不会闲着。

祝

好！

芾甘

二十七日

问候胡莹，她最近好吗？

---

① 汤永宽（1925—2007）：翻译家，上海译文出版社原副总编辑。

② 西禾：翻译家。

一九八二年九月四日

济生：

　　许严的信给我看看，请交国煣带回。

　　　　　　　　　　　　　　　　芾甘
　　　　　　　　　　　　　　　　四日

致 李国煜

(1920—2012) 巴金大哥李尧枚之长女

一九七七年□月二十四日

国煜：

　　信收到。知道你的近况，一方面高兴，一方面也为你的健康担心。我知道空话也没有用，但是我只能说多多保重，注意身体。我一时也回不了四川，不能看你们。
　　我还好，谢谢你的关心。最近太忙，可能以后会好一点。
别话后谈。
　　祝
好！
　　问候坤培①，
　　问候你们全家。

芾甘
二十四日

---

① 坤培：查坤培，李国煜丈夫。

一九七八年七月三十日*

国煜：

二十一日来信收到。这两天上海暴热，我这里又在修房子，屋子里全是乱糟糟的。心里烦，事情做不了。最近检查了身体，报告还没有来。但据说无大问题。

我的确忙，你那位朋友来，无法多谈，但送一本书却是办得到的。

你的身体差，应当保重，该休息就得休息。要治病就治病。不能有精神负担。

寄书，我□□开始寄了几部。凉快些□时多寄些。我给小四①写信说，准备两年内寄你们百部左右，放在一起大家看吧。这些事都得让我自己做，所以时间要长一些。

别的话以［后］再写吧。总之你要保重。

祝

好！

问候坤培。

芾甘

三十日

---

① 小四：李国莹，李尧枚之四女。

一九七九年□月二十四日*

国煜：

信收到，你的地址我忘了，以后最好在信封上写清楚通信处。书我还是要寄的。我想为你们和为你们的孩子弄个图书室也不是无益的事。（上批：我忙，就慢慢来吧。）你说马宗融的友人打听小弥的通信处，请告诉她：小弥的通信处是北京海淀区国际关系学院，少弥的是：北京东城香饵胡同三十五号。别话后谈。
  祝
好！
  问候坤培。

芾甘
二十四日

一九八〇年五月二十五日

国煜：

　　信收到，好久没有和你通信了。我身体不好，杂事多，又要写文章，因此生活很乱。大妈①去世，消息来得突然，我刚从日本回来，得到通知，也没有写信安慰你们，你们姐妹兄弟的悲痛是想得到的。我也难过，我本来以为我还回成都，还可以再见她一面。不过我对死的问题看得开，也看得透，我没有几年好活，因此要抓紧时间做事情。但你们都得保重身体，你们年轻，你们还有许多事可做。要热爱生活，好好安排生活。有什么事需要我帮忙的，可以告诉我。我希望你们过得好！我给你们准备了些书，下半年可以打包陆续寄出。余后谈。

　　祝
好！

芾甘
二十五日

　　问候坤培。

---

① 大妈：李国煜母亲张和卿。

一九八二年七月十七日*

国煜:

  信收到。你来我们欢迎。本月下旬,小林等都在,我叫她们到车站接你,买好票打电话通知行期。下月三日她们就要去四川。我们三个老人都有病,行动不便。

  你来,给我们带点辣椒面和豆豉来吧。别的什么都不要。

  我写字困难,不写了。

  祝

好!

  问候你全家。

芾甘

七月十七日

一九八七年十二月八日

国煜：

　　信早收到。我身体不好，写字很吃力，写一封信实在不容易，一个多月又拖过去了。不过李致打电话来时我就知道你下了床，我暂时放了心。但你的健康还是叫人担心，你过去吃了不少苦，体质太差了。今后要多多注意啊。

　　这次回成都的时间虽然短，可是和你们姐妹见过好几次，谈了好些话，还在一起过了中秋，的确难得！我身边有不少照片，我忘不了那些情景。想到你们，我还有勇气，有信心，再回成都，同你们姐妹相聚。

　　你缺少的两本书，我会补给你，我还要送你们最近印出的合订本。那里有我最近（今年六月）写的一篇《新记》，这是我那永不熄灭的心里的火，希望带一点温暖给你们。

　　祝
好！

　　问候坤培。

芾甘
十二月八日

致 李国炜

(1924—2017) 巴金大哥李尧枚之二女

一九七九年□月二十日*

国炜：

　　李致来，带来你的信，谢谢你。我过两三年总会设法回成都看看你们。好好保重身体。问候老汪①，也问候你们几姊妹。我最近忙，身体不大好，需要休息。我的身体会好起来的。

　　李尧彬②的爱人写了封信给我，我看后不知放在什么地方，连她的名字也忘了。你告诉我：她的姓名和地址，我要给她写封回信。

　　我明天去北京开会，可能还会见到李致。

　　问候你母亲。她今年八十了吗？

　　祝

好！

芾甘
二十日

---

① 老汪：汪国权，李国炜的丈夫。
② 李尧彬：巴金堂弟。

一九八七年十二月七日

国炜：

信收到。我身体不好，但不用悲观，我们还可以见面。我争取再回川一次，两次。我很高兴同你们见面，摆龙门阵，我高兴闻闻家乡的泥土味，听听熟悉的乡音。只要我不倒下去，我会回来的。

我感到遗憾的是图书馆①没有办成，近几年我不能自己去邮局寄书，而寄邮包手续又更麻烦，难找到人帮忙。今年春天香香（马小弥的女儿）来上海帮我整理资料，我没有想到寄书的事。明年倘使她再来，倒可以找她寄几包书。国煣有工作，最近还要念书。

别的话以后说吧。明天给国煜写信。

---

① 图书馆：指巴金原拟为李致姐弟和下一代办的小图书室。参见1981年1月22日巴金致李致的信。

祝

好！

苇甘

十二月七日

问候国权、汪俊^①好！

---

① 汪俊：李国炜之女。

一九九〇年七月六日

国炜：

两信都收到，没有早写回信，因为写字困难，我身体比一九八七年返川时差多了。托李舒爱人带回日本漆盒一个，是日本一位作家送给我的，那是二十七年前的礼物，虽然成了旧盒子，但我和那位作家的友情至今未断，现在作为纪念品送给你，也是很有意义的，从这一点看，我又不像偏爱李致了。这是我的回答，我想你也许不能接受，那么虚心地反思，我承认我对李致的确有所偏爱，我们见面交谈的机会不少，而他又会讲话，出主意，经常说服我，打动我。没有办法，只有请你原谅了。

还有，李舒[①]日内回家，托他带去漆盘三套，这是送给你们三姊妹的礼物，一样的东西，不会不公平。

祝

好！

芾甘

七月六日

---

① 李舒：李国莹之长子。

一九□□年□月十一日*

国煜、国炜：

信都收到。国煜打听小弥的地址，现在写在下面：

马小弥：北京海淀区国际关系学院；马少弥：北京东城区香饵胡同三十五街。

你们要我不必寄书，谢谢你们的关心。不过以后我还是要寄书。当然是量力而行。过两年我还可以找书店代寄。总之给你们搞一个小图书室，我不费多少力气，你们大大小小都可以利用，也是好事。书不成问题，将来成问题的是房子。这个我无能为力。书架、书橱，只要能买到，我可以汇钱给你们。

祝

好！

芾甘

十一日

致 李国炯

（1926—2005）巴金大哥李尧枚之三女

一九七三年十一月七日

国炯：

二十五日来信收到，你讲起你的病情，大概是一种所谓美尼尔氏综合症，九姑妈也有这种病，但不常发，发了就得睡下休息。你也得注意身体。

我们家里人都好。小幺叔①夫妇仍在上海照常工作。

我的问题已在三个月前解决，宣布作人民内部矛盾处理，但具体结论未宣布。关于地主分子的话，不知从何而来。我的单位甚至在从前批斗我时也从未说我是地主分子。我是地主家庭出身，这是别人都知道的。我离开学校后，就靠自己稿费生活，我没有地，没有收过租，怎么是地主分子？你们单位写我是地主分子，让他们写去。反正我的单位没有说我，更没有定我为地主分子。我的儿子女儿在外面也没有人说他们是地主子女。因此我没有理由向你们单位证明我不是地主分子。（他们也没有证据证明我是地主分子。）我又不是你的直系亲属，怎么你定案时会写上我是地主分子？而且我同你又没有什么关系，只是你

---

① 小幺叔：李济生，巴金小弟弟。

们姊妹念书时候，我帮助过学费，但那是送给你们母亲的，与你们无关。你们几姊妹情况一样，为什么单单你那里要扯上这个？现在我再说一次我的意见：如果因为我的缘故，你不必去管，让你们单位写什么都行；如果因为你的缘故，你可以找你们单位向我的单位去调查。或者你写信问问李致、国煜他们的意见也好。

　　勿复，祝
好！
　　问候栋臣。[①]

芾甘
十一月七日

---

① 栋臣：文栋臣，李国炯丈夫。

一九七六年十二月十九日*

栋臣、国炯：（谢谢小南小北①寄来的照片，已分送给九姑妈、十二嬢②了。）

　　你们两人的信都收到了。我们一家都好，请你们放心。好些时候没有给你们写信，只是因为我最近比较忙一些，学习的会多一点，要学的材料多一些，朋友们来信也多一些（当然要写回信），还有，来找我的客人也多起来了。这是说，"四人帮"给揪出、打倒之后，压在我头上的大石头也给搬动了。张春桥、姚文元对我不满意，一直要整我，这两个人小器而且记仇。他们是祸国殃民的大祸害，现在他们再也不能翻身了。上海是"四人帮"苦心经营了十年的黑据点，问题大、爪牙多，搞清楚、弄干净，还需要一段较长的时间。前途是很光明的，但是不能急，得慢慢来。小棠早已调回上海，在食品工厂罐头车间，做了四个月了。最近大叔叔在银川退休，来上海看看亲友，住在我这里。小端端也大了些，家里热闹多了。别的以后

---

① 小南小北：文小南，李国炯之三女；文小北，李国炯之子。

② 十二嬢：李瑞珏，巴金的十二妹。

再谈。
　　　祝
好！

　　　　　　　　　　　尧棠
　　　　　　　　　　十九日

一九七七年一月三十一日*

国炯、栋臣：

　　信都收到。总理照相册已寄上。你们要的纪念邮票，送一套给你们（歌曲还未买到）。邮票和相册都难买，还是托人想办法买到的。我的情况还没有大变化，楼上房间还关着，封条虽然在几个月前撕掉了，但钥匙还没有还给我。这是文化局的事，我现在在出版社，这两个大单位都是"四人帮"抓得很紧的，爪牙很多，一直到去年年底市委才派了新的人来主持工作，要做的事情很多，一时还忙不过来，我现在也不作声，打算过几个月再说。有什么好消息，会写信告诉你们。

　　别的话下次谈。

　　祝

好！

芾甘
三十一日

一九七七年三月六日*

栋臣、国炯：

　　你们来信都收到。我身体不好，写字困难，因此没有写回信。上次你们带走的书，中间有缺少中、下册的，我已托书店补全，等书店送来，就给你们寄去。《上海的早晨》缺第三卷。我不会忘记。你们什么时候搬去南平，请来信告我。国炯要《文汇月刊》，已寄去，当早收到。余后谈。
　　祝
好！

芾甘

三月六日

一九七七年四月二十五日*

栋臣、国炯：

　　你们的信收到。现在告诉你们关于我的事情："四人帮"搞的那个结论已经推翻，封了的房间、书橱都已启封，拿去的东西也将在这星期开始退还。我估计下个月内可以完全解决。知道你们关心，现在先写了这些。
　　祝
好！

苇甘
二十五日

一九七八年七月十四日

国炯、栋臣：

你们的信都收到。我忙，不能一一答复。在北京我寄过一部《三国》给你们。回上海寄过《基础英语》《希腊神话》和《东周列国》。我还寄过一包书托栋臣转给骆朝淑①。她托我买书，我买了几种，我说书款不必还，就交给你们。你们收到替我送给小西②吧。她的情况比较差。有困难时可对我讲，我愿意帮助她。

我们一家都好。小棠进了复旦大学中文系当走读生。小林夫妇已经调回上海工作（小祝到杭州去搬东西，过两天回来）。这样我们家里也有人照料了。

你们都好吗？

祝

好！

芾甘

十四日

---

① 骆朝淑：李国炯、文栋臣夫妇的朋友。
② 小西：文小西，李国炯之二女。

一九七八年十一月十日

国炯：

　　信收到。我最近身体不好，事情还是很多，因此没有早写回信。小林调回上海，在《收获》（杂志）社工作，上星期出差到北京去了。她的爱人祝鸿生在上海电影厂文学部。九姑妈她们都好，你的身体不好，应该注意劳逸结合。小北来信讲了他的情况。我同情他，但也无法给他帮助。我连安静地坐下来，写封长信的时间也没有。学语文最好是多读，多看，多写。对他来说，还是认真地读报纸上的社论和通信［讯］，有不懂的地方就问父亲、母亲，总之要弄懂。慢慢来，也不要紧。要记些生字，要懂语法。如果还有时间，就看小说，看小说就不必记生字、注意语法，只要看下去就行。看多了，也会有进步。别的话以后再写。照片只有小的，寄一张给你们。
　　祝
好！
　　问候栋臣！

芾甘
十日

一九七九年一月十四日

国炯、栋臣：

　　信收到。照片模糊，无法复制，寄还给你，别外寄去一张比较清楚的，由你保存。我身体还是不大好，需要休息，但事情多。今年还要出国访问。

　　前天寄了几本书给你们，想已收到。

　　祝你们春节愉快。

　　祝

好！

　　问候孩子们。

芾甘
十四夜

一九七九年三月二十四日*

国炯：

　　信收到。托邬英华带的东西也送来了。张同志来谈起你们的情况，我才知道你的身体实在不好，工作又忙，必需多加注意。以后不用给我们带东西来。我们现在生活不错，并不缺少什么。有东西你们自己吃用吧。我也太忙，不然我会多寄点书给你。你需要什么，可常来信。寄你们四张照片，你上次信上提到的那张我一时找不到，反正其它的也行吧。我下月上旬要去北京，下旬到法国进行友好访问，五月中旬回国。我身体不好，小林陪我去，可以照料我。现在待料理的事情不少。因此不多写了。
　　祝
　　你们一家人都好！

　　　　　　　　　　　　　　　　　　　芾甘
　　　　　　　　　　　　　　　　　　　三月二十四日

一九七九年五月三十一日

国炯、栋臣：

你们路上辛苦了。永安①寄来一信，现在转给你们。你们回到永安生活怎样？希望多多注意。有困难，可以写信找我。相片取到就给你们寄去。

  祝
好！

芾甘
三十一日

---

① 永安：福建永安县，李国炯夫妇的居住地。

一九七九年八月七日*

国炯、栋臣：

信都收到。我回上海已一个多月，事情多，身体不好。抽不出写信的时间。但也时常想念你们。本想寄点书给你们，但我精力不够，动不了。孩子们有他们自己的事情。以后再想办法吧。托朋友从北京寄的《战争风云》想已收到了。

写这信只是告诉你们，我很好，家里人都不错。我关心你们，请你们保重身体。有困难，请写信来。我不一定常回信，但总是把你们的事记在心上。

祝

好！

芾甘
七日

问候你们的孩子！

骆朝淑来，我们不需要什么。你们要什么，我会托她给你们带去。你要的书，天气凉快些，我出来寄给你。

又及。

一九七九年九月二十六日*

栋臣、国炯：

　　信都收到，给嬢嬢的信早转去了。我现在写信有困难，拿起笔总有人打岔。事多，总是做不完，身体越来越差。下个月又要去北京开会。开会回来，我得想法休息个把月。你们的事都记在我的脑子里。电视机我将来可以送你们一只，但目前在上海买不到，过一两年再说吧。放大照片，容易办，不过我看不用急，明年再说吧。你们生活简单，有困难可以找我帮忙。只是我要替好些人办事，目前忙不过来，回信都得拖几个月。你们不必带东西来，我们不缺少什么。国炯写的东西看过了。我一定要送你电视机，你们那里能用吗？不然先搞个电唱机也行。

　　祝
好！

芾甘

二十六日

一九七九年□月十四日*

国炯：

　　信早收到，我当时托萧姐打听找人想法，最近得到答复：作脑电图，华山医院办得到，萧姐有一熟人可以照顾门诊一次，就是说只能在那里看一次门诊；要是希望得到多次或长期治疗，就需要省卫生局的正式介绍信。

　　至于在上海休养，你来，住在我这里吃住没有问题，即使我不在，九姑妈也会照顾你。但倘使需要找人护理，那就没有办法了。

　　我忙，不多写了。有病还是早日治疗为好。

　　祝

好！

芾甘
十四日

问候栋臣！

一九八〇年一月七日

栋臣、国炯：

我事多，身体不好，记忆也差。你们来信匆匆一看，一打岔就忘记了。昨天偶尔翻出你们的来信，看过后才记起一些事情。（一）《女游击队长》寄了两册上卷，是我弄错了。现在把下卷寄上，请你们退回一本上卷给我。（二）电视机目前你们那里不能用，以后再买吧。钱多少，问题不大。买来不能用，搁在那里，倒会坏的。能用时，我当设法给你们买一个。目前我也买不到，过两年生产和进口的多了，可能公开发售，那就好了。（三）在南平修房子准备退休时居住，很好。过几个月，我也可以帮助你们一点钱。（四）冬笋收到，也分了点给济生。时间久了，取到时坏了一些。以后千万不要再给我们寄东西来。我们这里不缺少什么。你们留着给自己用吧。（五）栋臣身体复原了吗？国炯的病好了吗？有事情，多写信提醒我（我记性不好）。过两天还要寄一包书给你们。

祝
好！
问候孩子们。

芾甘
七日

一九八〇年一月二十二日*

栋臣、国炯：

骆朝淑同志来，交来你们托带的东西，谢谢。

以后不要再带什么来，我们这里不缺乏什么。骆同志返永安，当托她带点香肠给你们。我忙，身体不好，不多写。另一信是国糅写给你们的，她在此替我看看读者来信。

我有空时会寄书给你们。

要注意身体。

　　祝

好！

苇甘
二十二日

一九八〇年五月三十一日*

栋臣、国炯：

你们来信都收到了。我从日本回来，身体不好，事情多，几次要写信，都给打岔了。七月底我还要去瑞典。

五月初又汇上二百元，连前共四百元，是帮助你们修屋用的。

国炯母亲去世，我也很难过。听说国煜她们也很悲痛。但人死不能复生，大家还是振作起来好好工作，多多保重吧。

国㶧回云南去办调离手续。她调回上海，可以帮我料理一些事情。

总之，要注意身体。

祝

好！

芾甘

五月三十一日

一九八〇年七月十三日*

国炯：

信收到，我本月二日因感冒发高烧住进医院治疗，明天出院，在家休养一星期，然后赴京准备出国。

关于你嘱办的几件事回答如下：1.《文汇增刊》由济生寄去；2.《收获》由瑞珏寄出；3.九百句①录音带上海无出售者，慢慢托人设法录一套给你，但时间不能快。

国烁还在云南，一时来不了。

　　祝

好！

　　　　　　　　　　　　　　　芾甘
　　　　　　　　　　　　　　　十三日

问候栋臣！

---

① 九百句：《英语九百句》。

一九八〇年十二月四日*

国炯、栋臣：

　　信都收到，花生也收到。我杂事多，身体不好，写字感到手吃力，每天写文章只能写几百字，就因此不能常写回信。国炯要我的书，我记在心上，以后慢慢寄给你们。前两天寄过一包书，想已收到。我这里书多，就是包和寄麻烦。最近孃孃的病还未痊愈。小幺婶又进了医院，下半身瘫痪了，还是由于肺癌。国粲回来，在作协资料科室工作。她也忙。国炯身体怎样？要注意啊！
　　祝
好！

芾甘
十二月四日

一九八一年二月二日*

栋臣：

　　信收到。最近几乎全家人都患感冒，九姑妈还睡在床上。我的身体也不好。知道国炯患病，很担心。望注意保养。放下心好好养病。我写字困难，不多写了。书会陆续寄给你们，将来退休后看看书也好。
　　祝
好！

　　　　　　　　　　　　　　　　　芾甘

　　　　　　　　　　　　　　　　二月二日

问候国炯！祝你们全家春节愉快！

一九八二年七月二十九日

国炯：

　　你们的信都收到。没有写回信只是因为我写字困难。我除了手有毛病，腿也不好，走路不大方便，三个多月没有出门了。最近疮给治好了，精神好了些。我上街困难，因此也无法去邮局寄书给你们。以后再想办法吧。听说你们省今年大雨成灾，不知究竟怎样。

　　天热，你也要当心身体啊。有什么事，尽管写信来。

　　祝

好！

芾甘
二十九日

　　栋臣均此！

一九八四年一月五日[*]

国炯、栋臣：

信都收到。我第二次住院已过两个月，可以说是一天天地好起来。但还是好得太慢，写字仍感吃力，看来一时还不能回家。

你们打来祝贺生日的电报收到，谢谢你们。一连两年我都是在病房里过生，这样一来倒很安静，生病的人不喜欢热闹。希望今年有变化，就是说病情真正好转。

我送给文学馆的你父亲的信不是他的绝命书，是他写给我的最后一封信。给你看过的绝命书是抄下来的副本，已在"文革"中烧毁了。

余后谈。

祝

好！

芾甘

一月五日

一九八四年七月二十二日*

国炯、栋臣：

　　信收到。这次见到你们，我也高兴。只是我身体不好，事情多，没有时间和精神和你们畅谈过去和将来。照片洗出来，寄两张给你们。
　　祝
好！

芾甘
二十二日

一九八五年一月二十四日*

栋臣、国炯：

信都收到。也谢谢你们的电报。我从香港回来，身体一直不好，杂事很多，写字仍然很吃力，又缺少拿笔的时间，因此没有给你们写过一封信。不过我并未忘记你们。你们为了纪念尧林①，搞了一间"尧林书屋"，是一件好事情。杨阿姨②也来信说起这件事。我希望能找到一两件纪念品送给你们。尧林的照片你们那里有几张？下次来信告诉我。

　祝
好！

芾甘

元月二十四日

---

① 尧林：李尧林，巴金的三哥。
② 杨阿姨：杨苡。

一九八六年四月十二日*

国焖：

　　信早收到。我一直靠药物延续生命，杂事多，应付不了，记忆力又衰退，好些事一拖就忘记。想给你们写信，是好久以前的事了，但总有人、有事来打岔，到今天才有可能拿起笔。上次小西过上海，来我家，我打算托她带点东西给你们。那天家里人多，济生也在我家，我准备洗澡，小祝帮忙我洗，他在楼上叫我，我就上楼去了，没有给小西打个招呼，我以为小西吃过了晚饭才走，没想到等我洗好澡下楼，她已经带着孩子走了。我很抱歉，她来看我，我不曾好好地同她谈谈。其实我这一向精力不够，话讲多了就很吃力，但谈个二十分钟总还可以。我看见这孩子长大，她吃了不少苦，现在带了孩子经过这里来看我，我总得对她说几句温暖的、鼓励的话，握个手告别。你把我这个意思告诉她吧。这次错过了带东西的机会，以后再想办法。我还想找出些三爸①的照片或者书寄给你。你们的近况如何？有空写几个字让我知道，但是要我回信就有

---

① 三爸：李尧林。

困难。杨阿姨还给你写信吗?
　　祝
好!

　　　　　　　　　　　　　　蒂甘
　　　　　　　　　　　四月十二日

栋臣均此!

一九八六年十一月十三日

栋臣、国炯：

　　信早收到。我身体不好，写字吃力，近大半年为了写第五本随想录，搞得精疲力竭，无法给你们写信，请原谅。

　　今天写这封短信，只是告诉你们，我的健康并未恢复，我说过要给你们寄几本书，给国炯寄几张三爸的照片，也未能办到。我没有力气，行动不便，动一动就感到疲劳。我决心休养半年，倘使病情好转，我会给你们信。

　　祝
好！

芾甘
十一月十三日

一九八七年八月一日*

国炯、栋臣：

　　你们来信都收到，很高兴。我身体一直不好，写字吃力，行动不便，杂事多，精力差。孩子们都很忙，又要到别处去出差，家里只有三个老人，连找人给你们写封较长的回信也不容易。小林在搞《收获》，花费精力不少，身体几乎也搞垮了。今天他们夫妇带孩子去青岛、烟台，也参加《收获》的一些活动，大约两个星期。国烊也要去，不过参加下一批。我行动太困难，不出去了，就在家里静养，而且我还有些工作。你们要照片，找到两张寄给你们。从前年起我就想寄书、寄照片给国炯，却始终找不到时间和精力，只是说空话，请原谅。希望明后年能偿还一点欠债。

　　愿你们安心、愉快地疗养吧，再谈。

　　祝

好！

　　　　　　　　　　　　　　　　　　芾甘

　　　　　　　　　　　　　　　　　　一日

一九八九年五月五日*

国炯、栋臣：

我仍住医院，疼痛不安，日子不太好过，但已较两个月前好多了。这次总可以拖过去。再拖三五月不会有问题，请放心。

我太累，不写了。不用为我担心。

祝

好！

芾甘
五月五日

一九八九年十月十七日

国炯、栋臣：

　　我这次摔伤，在医院住了将近八个月，最近回家，已不能适应过去的生活方式，连写字也没有办法。你们的信都收到，无法回信，请原谅。我也很想念你们，请你们安心疗养，多多保重。以后再谈。
　　祝
好！

苇甘
十月十七日

一九九〇年八月二十日*

国炯：

你的信都收到。知道你们一家的近况，很高兴。我又病又老，却还不曾完全倒下来，总得打起精神料理一些事情。可是写字、走路都很困难，活着也不容易啊！我最感头痛的就是笔不听手的指挥。小南过上海，托她给你们带去花粉两盒、《全集》十一卷，收到后通知我一声。你和栋臣也老了，要多保重啊！

　　祝
好！

　　　　　　　　　　　　　　　芾甘
　　　　　　　　　　　　　　八月二十日

问候全家。

一九九一年四月三日*

国炯：

你们来信都收到，只是我无法写回信。我写字十分吃力，伏案一个上午也只能写一张信纸，而且我有工作，又有杂事，工作是指编全集，杂事包括许多细小事情，不说办事，一动就疲劳不堪。我收到来信不算多，但也不太少。最近家乡不少小学生写信来，我也只能每天读一两封，这时候才感觉到没有秘书实在不方便。你前两天还来过一封信，讲起栋臣前列腺动手术的事，现在应当好多了。本来他的身体不坏，只是"文革"期间吃的苦头太多，你我一样，不过我未受到体罚，否则也不可能今天还在这里写信了。至于你们我只能用空话安慰你，明知空话用处不大，但除此我一无所有。那么你们多多保重吧，身体要紧，想得开些，争取长寿。

今年九月要在成都召开关于我的学术讨论会，我去不了，济生要去，我想把尧林（三爸）的一点手稿照片托他带去，捐赠慧园①保管，让我们弟兄的纪念一直在一处，不分离。你们回四川，也可以见到它们。慧园还会拿它们展览出来。

  其他，以后再写吧。

  祝

好！

芾甘

四月三日

---

① 慧园：位于成都西郊百花潭公园内。20世纪80年代后期以巴金作品《家》的描述为蓝本建造。陈列有关巴金生平的历史照片、实物等数百件。

一九九四年一月十六日*

三三①、栋臣：

我身体越来越差，一天什么事都不能做，一动就感到疲劳，还得处理一些杂事，更令人苦恼的是记忆力大衰退，事情一过就忘得干干净净。我常常对自己说："好久没给三三写信了！"可是过些时候我又重复说："真是好久了！"我才明白自己已经老得不中用了。以前包书寄书，都是自己干，自己拿到邮局寄，手续并不太麻烦。现在我没办法解决这个问题了。不说寄书，连写封信，也难找到人帮忙。

家里年轻人都不闲。小棠因为稿子的事到北京去了，明后天可以回来。我只好拿起笔给你们写几句，我想念你们。

信写了一半，我又收到你们最近的信。你们都好，我更放心了。今后只要有人帮忙，我还会寄书给你们，送书给熟人看，这是我愿做的事，只要对你们有用处。不过我拿笔的时间已经不多了。请保重。

---

① 三三：李国炯行三。

祝
好！

　　　　　　　　　　蒂甘
　　　　　　　元月十六日

　　十二孃仍在医院，将近一年了。想不到她会得老年痴呆症，我很难过，济生、国烁他们在照顾她。

致李国莹

(1928—2023) 巴金大哥李尧枚之四女

一九七七年十一月二十八日

国莹、李致：

你们两个的信都收到。我事情多，生活忙乱，这两天患感冒，我们家多数都患过了，一个传一个，又传到了我，三四天我一直不舒服，但今天开始好转了。国莹要书，《家》尚未印出，还有一本是《处女地》，可能也在年底出书。总之，凡是新印的书，送你们几个每人一册。明年我去不了四川，但能来我总要回成都看看。望大家保重。

　　祝
好！

　　　　　　　　　　　　　　芾甘
　　　　　　　　　　　　十一月二十八日

致 李国焱

(1942—) 巴金大弟弟李采臣之长女

一九七七年五月四日*

国琰：

  小林把琴谱找出来了，今天给你挂号寄上，收到后请告诉你父亲一声。我们都好。小林来上海过五一节，今天回杭州去了。你们一家都好吗？
  祝
好！
  问候你的爱人！

芾甘
四日

一九□□年□月八日

绵儿①：

信收到。我现在在医院里治病，大约还要住一星期。你要的书和照片等我出院后寄给你。但全家的照片可能没有现成的，以后再说吧。书没有问题，《收获》也可以寄给你和你的爱人。过去的事不必提了，我也有错。希望你们一家人过得好。

  祝
好！

芾甘
八日

---

① 绵儿：李国琰小名。

一九八二年□月二十八日

绵儿：

　　信早收到。我身体不好，写字困难，杂事又多，只能写几句话。

　　我听见人讲起你这些年的情况，没有能帮助你，我很抱歉。我以后还会寄点钱给你，这是我的稿费，自己用不了，送给别人也好。有事情你可以常写信来，我不一定回信，但总会有看信的时间。好好地生活和工作。问候你的爱人。

　　祝
好

　　　　　　　　　　　　　　　　　　芾甘
　　　　　　　　　　　　　　　　　　二十八日

一九八六年十二月九日

绵儿：

我早就该给你写信，而且信封写好放在文件堆里也有三个多星期了，我身体不好，既疲劳，又不得空，写字困难，却无法把笔放下，目前又没有代笔的人，因此欠下大堆信债，实在无力偿还。小林忙，国烊到《收获》后也没有空，这类事我只好自己想办法。目前的办法是拖。拖久了就忘记。你的两封信还在我的记忆中，就写封短短的回信吧。

知道你那里一切顺利，我高兴，特别是小辉①结婚，婚事办得简单，我赞成。我想送他一件礼物，不知送什么好，不然就送几本我的新书，你告诉我他的地址吧。

我的《随想录》下个月出齐后，我会送给你一套，寄书事可以托九姑妈办，写信就困难，连小端端也不肯给小辉写信，她太忙，每天做作业到九十点钟，成绩不过中等。我们的中小学教育有问题，的确需要改革。

---

① 小辉：宋辉，李国琰之子。

祝
好

　　　　　　　　　　　　蒂甘
　　　　　　　　　十二月九日

致李芹

(1953—) 巴金大哥李尧枚之孙女

一九九〇年十月二十二日

李芹：

　　收到你的信，好像你又来到我的面前。你要我给你写几句话，我拿起笔，手指头不听指挥，写字十分吃力，看来我快要跟你们分别了。讲什么好呢？我有许多话要说，其实不说你也知道。我羡慕你，你还可以做多少年的工作。好好地生活吧，好好地工作吧，青春的确十分美好，不要让它白白地过去。我浪费了多少年的时光，回想起来，相当难过。但是我并不后悔，我毕竟没有白活。希望有时候还想着我。
　　祝
好！

芾甘
十月二十二日

　　请把信中大意告诉李斧[①]，省得我给他写信。

---

① 李斧：李芹弟弟。

致李斧

(1958—) 巴金大哥李尧枚之孙子

一九八三年九月八日*

生命的意义在于付出,不在于收入。人活着,为了对社会有贡献。

巴金

九月八日

一九八九年一月二十三日

李斧：

信收到。关于家系能弄清楚也好，但也不必花多少时间。还有三件事：

一、我说塘汇，因为一九二三年我去过那里，祠堂在那里，还有"始祖"的坟也在那附近。当时我的"四伯祖"住在"金明寺隶"。我也在那里住过几天。可能是后来搬了地方。

二、关于介庵公①的材料，复印一份给我。"仅存稿"②我有，不用寄了。

三、祖宗牌位等等我未见过，没有意见。

祝

好！

芾甘
元月二十三日

---

① 介庵公：巴金高祖。
② "仅存稿"：指《醉墨山房仅存稿》。

致 李珊珊

（1985— ）巴金大哥李尧枚之重孙女

一九九二年九月二十三日

亲爱的小珊珊[①]：

收到你三封信，谢谢你还没有忘记太爷爷。太爷爷住在上海，又老又病，成天坐在家里。太爷爷的住处你也到过，我还有你在我家里拍的照片，在一九八七年吧。太爷爷喜欢小姑[②]，也喜欢你，希望你们不要忘掉中国话。

我身体不好，写字困难，不写下去了。问候你爷爷、奶奶，爸爸、妈妈。

愿你生活愉快。

太爷爷

九二年九月二十三日

---

① 小珊珊：李珊珊，李斧女儿。时年七岁，在美国上学。
② 小姑：李晅之，巴金孙女。

致 李 致

（1929— ）巴金大哥李尧枚之子

一九七二年十一月四日

李致：

三十日来信收到（你上次给小林的信我也见到），知道你的近况我放心多了。这些年我也常常想念你和你的几个姐姐。三年前有人来外调，才知道你当时靠过边，但是我又知道你没有历史问题，认为不会受到多大的冲击，我一直不想给你写信，害怕会给你找麻烦，心想等到问题解决了时再通信息。现在你既然来信，我就简单地写这封信谈点近况吧。我六九年参加三秋后就和本单位革命群众一起留在乡下，以后在七〇年三月又同到干校。今年六月因蕴珍病重请假回家，七月下旬就留在上海照料她。她去世后我休息了一段时期，九月起就在机关上班（工宣队老师傅和革命群众今年都上来了），每天半天，主要是自学马列主义经典著作。这几个月并没有别的事。但问题尚未解决，仍在靠边。住处也没有改变，只是从楼上搬到楼下而已（楼上房间加了封，绝大部分书刊都在里面）。我的身体还好，情绪也不能说坏，蕴珍[①]去世对我是一个很大

---

① 蕴珍：陈蕴珍，即萧珊，巴金妻子。

的打击，我永远忘不了她，然而我无论如何要好好地活下去，认真地学习。

你问起妈妈①去世前看到你的信没有。你第一封信②是八月四日写的，信寄到时，她的病已到危险阶段，刚开了刀，小林在病床前对她讲你有信来，她只是点了点头，那时身体极度衰弱，靠输血维持生命，说话非常吃力，只有两只眼睛十分明亮。我们不知道她那么快就要离开我们，还劝她不要费力讲话，要她闭上眼睛休息。她也不知道这个情况，因此也没有留下什么遗言。想到这一点，我非常难过。

写不下去了。祝

好！

尧棠

十一月四日

---

① 妈妈：萧珊。李致是过继给巴金的，故称巴金为爹、萧珊为妈妈。

② 第一封信：李致给李小林的信。

一九七三年七月十五日

李致：

你托萧荀①转告我的话已转到了。前次寄上托马斯写的小说一部（十二孃也把《猎人笔记》②寄出了），明天我还要寄《高加索故事》③、《散文诗》④、《中国历代诗歌选》三种书给你。《罗亭》我也可以寄给你，但要等书橱启封以后，不过也不会太久了。上星期一我们单位工宣队负责人找我谈过一次话，说是我的结论已经批了下来，作人民内部矛盾处理，要我做点工作，问我有什么意见，我说身体不好，年纪大，只能在家里翻译点东西。星期六（昨天）他要我参加机关学习，并在学习会上宣布我的问题解决，"作人民内部矛盾处理，发生活费，做翻译工

---

① 萧荀：李致大姐李国煜之友，后成为巴金和萧珊的朋友，在巴金未获得"解放"前，李致给巴金的信均寄给她转交。李致称其为萧姐。

② 《猎人日记》：应为《猎人笔记》。

③ 《高加索故事》：［俄］托尔斯泰著，人民文学出版社上海分社出版1964年出版。

④ 《散文诗》：《屠格涅夫散文诗》。

作"。下周起,我每星期只到机关去三个半天(学习时间在内)。以后要在家里慢慢搞点翻译了。请把我这种情况告诉大妈①和国煜、国炜、国莹她们。大妈要看小棠的照片,过几天找出来寄上。小棠现在在安徽。上海今年也比较热。

  祝
好!

尧棠
七月十五日夜

---

① 大妈:李致母亲张和卿。

一九七三年八月五日

李致：

信收到，你给萧姐的信也看过了。"结论"的详细内容和文字我都不知道，也并未告诉我，或在宣布时宣读。当然如果叫我在文件上签字，我会实事求是地看待问题。此外我不会讲什么。现在已经是宣布后三个星期了，还没有什么变动。这个月还是照常领生活费，房子也未启封，只是除了一星期到机关学习两次外，用不着去上班了，可以在家搞点翻译工作，我觉得这也是好的。其他的等着看吧，可能还要有一个过程。我可以安心等待的，也没有什么不满意。

关于书的事情，答复几句：1.《历代诗歌选》只出了上编，下编一直没有出。2. 尧林图书馆是我从前打算办来纪念三叔的，有一个时期我在自己的中文书上盖了图书馆的章，后来就没有盖了。3. 明天寄上《悬崖》和《罗亭》各一册，都是盖了图书馆的章的。4. 将来我的书房启封后，还要寄点书给你。别的话下次再谈。

祝

好!

芾甘

八月五日

请替我问候大家!

你怎么会打摆子？打过摆子后应继续吃药使这病断根。

一九七三年十月二十八日

李致：

十七日来信收到，我一切都好。生活上并无什么变动。前一个时期去机关学习十大文件，每周去的次数较多。本星期起，每周只去两个半天（一次批林整风，另一次学习马列经典著作）。书房还未启封，估计到年底差不多了。昨天挂号寄上《约翰·克利斯朵夫》一部四册，以前答应过你的，总算找到了。今天接到卢剑波的信，有这样的话："天六说，从李致处知道你有《约翰·克利斯朵夫》的中译本。她向你借来看，看完了一定还你。"现在书已送给你了，那么就由你同天六联系吧。别的话，下次再谈。请转告大妈，照片刚刚拍过，洗出来就给她寄过去。祝
好！

尧棠

十月二十八日

一九七三年十一月二十四日

李致：

两封信都收到。辣椒面和花椒面的通知单尚未送来，你先代我谢谢子青同志。单方我开始试用，其实枸杞和核桃我也常常在吃，枸杞我这里很多，是采臣从银川寄来的，这两三年每年都寄得有来，我吃不完。我眼睛的毛病在于用得多，人年纪大，器官也不灵了。看医生，既麻烦，作用又不大。我打算拖一下再说。在这里什么也得找人开后门，等到碰到过去认识的医生，那就有办法了。

《李白诗选》未出。《稼轩长短句》是年前出版的，早卖完了，我手边有一本，送给你，同《我们的祖先》等五本书一起寄上。

祝
好！

芾甘
十一月二十四日

问候秀涓①。

辣椒面等收到。

照片一张请转交大妈。

---

① 秀涓：丁秀涓，李致妻子。

一九七四年一月六日

李致：

　　信收到。你要的三种书，我只有两种，"鲁滨逊"没有，因此仅寄上书两种，共四册，请查收。

　　我的生活如常。现已开始翻译"赫尔岑"，慢慢地在搞。我的生活相当安静而且安定，很可以安心做点翻译工作。

　　见到沙汀同志请代我问候他。

　　小棠还在乡下，本月中旬回来过春节。

　　祝

好！

尧棠
一月六日

　　书已在今天上午寄出。

　　代我问候家中所有的人。

　　丁秀涓回川没有？[①]

---

① 当时丁秀涓在北京工作，尚未调回四川。

一九七四年四月二十六日

李致：

　　信收到。我一直很好，前一些时候学习较忙，现在是每周三个半天。有空仍然搞点翻译，念点书。身体还好。没有写信，只是因为没有什么事情。小林六月中要做母亲了，她的爱人最近可能分配到杭州去工作。剑波写信来，说是好久没有见到你了，又说《红楼梦》始终未印出。十二嬢还在等你帮她买一部。别话下次谈。
　　祝
好！

　　　　　　　　　　　　　　　　　　芾甘
　　　　　　　　　　　　　　　　　　四月二十六日

问候你妈妈和几个姐姐，还有老汪。

一九七四年七月十四日*

李致：

从北京和成都寄出的信都收到了。你要的书，已于昨日寄出，共两包。

（1）关于词，只寄了《宋词名家选》和《唐五代词》。

（2）法家著作：寄上《荀子选》和《柳河东集》（以上是旧版，柳集有新版，只是出版说明改了一点。序文或说明都是旧的，有些不对。）

《韩非子选》和《盐铁论》都是新版。《商君书》卖完了，只寄你一本《商鞅变法》此外附带寄几册活页文选。

《安娜·卡列尼娜》我早给了小林了。以后再想法吧。

我很好，家里也不错。别的萧姐会告诉你。

祝

好！

问候秀涓！

尧棠

十四日

一九七四年八月二十九日

李致：

信收到，我这里一切如常，没有什么变化，我身心都好，也没有什么可以告诉你的情况。知道你的眼睛不好，替你担心，这个病要好好医治，今后在使用眼睛方面也要注意。

你来信要的书，有的封在书房里，有的我没有，有的也送给小林或别的人，暂时也没有什么可寄的，只有一本狄更斯的长篇，以后找到其他的书时，再寄吧。

《儒林外史》早给小林了。《镜花缘》有一部旧版的共六册，外面只有四册，我想将来总会找齐的，那时再寄给你。英文小说太浅的我手边也没有。

《东周列国故事新编》我有，别人借去了，等到还来时寄给你。

最近吴学素①到过上海，说看见大妈身体很好。但她说看见，已是好久以前的事了。剑波昨天来信说，他这次去看过大妈，大妈身体好，只是国炜生病。你见到大妈和

---

① 吴学素：巴金友人吴先忧的女儿。

姐姐、姐夫们时请代我问好。
　　　祝
好！

尧棠
八月二十九日

问候秀涓。

一九七四年十二月十一日

李致：

　　十八日来信收到，谢谢你。我还记得七日是你的生日，本来想送给你几本书，但是知道你患眼病住医院，不应当看书，因此不寄了。你的眼睛怎样了？你正在壮年，应当多多工作的时候，不注意保养眼睛是不行的。别的话已经写在给大妈的信中了。

　　萧姐的身体比去年还差些，今年天气不好，时冷时热，她发病次数多了些，她又是个"交际家""热心人"，爱管闲事，又不习惯清静。

　　祝
好！

芾甘
十二月十一日

问候秀涓！

一九七五年一月十日

李致：

信收到，知道眼病基本治愈，就要出院，很高兴。本来听说你患青光眼①，我倒有些着急。剑波来信也说你快出院。但今后还要多加小心。

书先后寄上两包，想都收到。你要的书，有的我没有，有的我自己在使用。可以寄给你的会陆续寄上。

我很好，仍在搞点翻译读点书。我的眼睛也不太好，但这是老年人的"迎风流泪"，是衰老的现象，不要紧。

文栋臣去年托我买《三国》《红楼梦》两书，我至今买不着。我自己的送给小林了。本来《红楼》我倒有三四种不同的本子，但前年都送人了。我还有一部木版的（几十册一套）。我想你在成都买一两部总有办法，你能买到寄给文栋臣就好了，或《红楼》或《三国》都行，能两部都买到更好。还有，萧姐也说要找你代买一部《红楼》，上次写信时忘记写了。这些当然要看情况，有困难就不必

---

① 此系误传。

提了。能买到一部《红楼》就给萧姐罢。

  祝

好!

        尧棠

  一月十日

问候秀涓。

一九七五年二月七日

李致：

十三日来信早收到。关于鲁迅先生的书已经寄上了几本，以后可能还要寄。拿破仑的传记一时难找到。法文的我倒有。其他的书如找到，会随时寄给你。你问我一天到晚干些什么，我一天也少有空闲时候。除了到机关学习或到附近散步外，我就在家听广播讲座念日文，搞翻译，每天译赫尔岑的《回忆录》几百字（查典故，加注解，也要花功夫），此外还读点别的外国文和世界语，为了不要把从前学过的忘记。这是我的日课。至于看什么书，大都是从机关资料室借来的内部发行的书，如关于日本、苏联和拉丁美洲的书，以及从别处借来的《开罗文件》《格瓦拉传》；等等。此外也看看关于儒法斗争和论《红楼梦》的书。我也没有什么操心的事情。我希望能再活十年，准备把一部百多万字的《回忆录》译完，译这部书，同时也在学习。

以上是关于我的事。我觉得重要的还是你的眼睛，你的身体，你要多多注意，为了更好地工作。出院的时候写封信告诉我。

昨天我女婿和小棠都回来了，我们家又热闹起来了。小端端一天天大起来，大家都喜欢她。小林的工作有了眉目，春节后可能决定。

　　别的话以后谈。祝
好，并祝春节愉快！

尧棠

二月七日

问候秀涓。

一九七五年三月三日

李致：

　　信收到。李舒来上海，交来你们给我们的土产，谢谢你和秀涓。李舒也讲了些你的近况，知道你春节期间向医院请假回家，你的病虽然麻烦，但也不太严重。眼睛太重要了，我知道你会好好保养和保护的。

　　最近意外地把《镜花缘》找全了，前两天交邮寄上，这是大字本，看起来方便些。你来信又问我译赫尔岑是不是组织交下的任务，记得早已回答过你了，组织上没有给我什么明确的任务，当时只说希望搞点什么工作，我提出搞点翻译，译赫尔岑的《回忆录》，组织上同意了。和出版社没有联系过，我也不准备在几年内出版，因为我上了年纪精力差，每天最多只能译几百字，有时查书、查字典更花时间。这书共有百多万字，里面有精华，也有糟粕。能够花不到十年的时间译完它，留下一部誊正的手稿，送给国家图书馆，对少数想了解十九世纪前半叶欧洲和沙俄各方面情况的人也有一点用处。就是这样的工作，我能不能完成还是问题，因为我的眼睛也不好，要是恶化，那就连这一点点工作也无法搞下去了。不过我很乐观，我也开始注意保护眼睛。

　　别话后谈。祝
好！

　　　　　　　　　　　　　　蒂甘
　　　　　　　　　　　三月三日

　　问候秀涓。

一九七五年五月四日

李致：

　　二十二日来信收到，书也收到了。那本谈卫星的书是李舒推荐的，我本来不知道有这么一本书，翻看翻看，也好。

　　你上班后也要注意使用眼睛，只要有节制地使用，我想不会有大问题。

　　我的眼睛还是不太好，这是由于使用较多，几乎整天看书写字。以后一定要加以限制。

　　四舅公的八表叔①最近经过上海回成都，住了三四天，他还不知道你在成都工作。

　　不要忘记替萧姐买一部《红楼梦》。

　　祝

好！

尧棠
五月四日

---

① 八表叔：巴金表弟。

问候秀涓!

方敬①至今未来，但是他的爱人何频伽在今年一月上旬到北京、南京、上海学习参观，在我这里坐了一两个小时。

---

① 方敬（1914—1996）：诗人、散文家、翻译家。

一九七五年六月一日

李致：

　　信收到，怎么你的眼睛又有反复？以后要好好注意。萧姐收到你寄的书，一定很高兴。十二孃早已买到《红楼梦》了，你可以放心。蔡东藩的演义，我有一部《前汉演义》，已在一年多以前送给别人了，我觉得他这些书写得并不好。《圣彼得的伞》是我本来拿给李舒在路上看的，后来给李小棠拿走了，因此换了一本《茅屋》给他。原本打算给你的是《鸦片战争时期英军在长江下游的暴行》等三四本翻译书（不是小说），后来换上了《白石词》等书。你要是对那些翻译书有兴趣，将来还是会寄给你的，不用急。你寄来的学习资料收到，谢谢你。我的眼睛是小毛病，据我看，少看书或不看书就会好的，请勿念。

　　祝
好！

尧棠
六月一日

问候秀涓。

一九七五年九月十三日

李致：

前信早收到。我本月初得到通知，说我们单位没有业务可搞，我的"业务关系"已转到人民出版社，要我到那边去报到（这一批一共十多个人，有茹志鹃①、赵自②、菡子③、姜彬④、芦芒⑤等，不过各人自己去报到）。我给分配到编译室，也已到那边联系过了，不上班，每周参加学习两次，我眼睛不好，暂时不接受任务。以后眼睛好起来，总得翻译一点东西。赫尔岑的翻译也停了。别的变化还没有。这就是调动积极因素、落实政策吧。别的话以后再说。

---

① 茹志鹃（1925—1998）：作家。
② 赵自（1924—　）：记者、编辑。
③ 菡子（1921—2003）：作家。
④ 姜彬（1921—2004）：民间文艺学家、民俗学家、作家。
⑤ 芦芒（1920—1979）：作家、诗人。

祝

好!

尧棠

九月十三日

问候秀涓。

小林将去杭州工作,但手续尚未办好。她去后,再请调回小棠,她的学校答应出证明。

一九七五年十一月七日

李致：

　　信早收到。元杂剧选已寄给你了。我的生活还没有什么变动。仍是每周两次到编译室学习。小林去杭州浙江省文化局工作（《浙江文艺》编辑部）已决定，调令刚刚寄到。她月底前去杭州。以后我们就要交涉小棠调回上海的事情。从前我曾写信托你为文栋臣夫妇买一部《红楼梦》，我知道你有困难，现在我托一位北京朋友买到了，今天已给他们寄去。你也可以减轻负担了。你们都好吗？我们都好。现在要请你买一点辣椒面和花椒面寄来。上次曾向大妈要过，寄来，的确不错。东西可以直接寄到我家里。
　　别话后谈。
　　祝
好！

　　　　　　　　　　　　　　　尧棠
　　　　　　　　　　　　　　　十一月七日

　　问候秀涓！

你去年要过朱洗的"生物学丛书",当时寄给你四本,最近又找到一册《我们的祖先》,下个月给你寄去。

又及

替我问候子青同志,谢谢他的关心。

一九七五年十一月二十四日

李致：

信收到，我的生日照阴历是十月十九，照阳历是十一月二十五。所谓二十四，是你记错了。其实我多年没有想到生日不生日，只是从去年起，九姑妈、十二孃、萧姐、小幺爸他们提出来要吃一顿"热闹"一下，我也只好随俗了。

你看了《警世通言》，还想看其他两"言"。我手边没有，只有《今古奇观》，明天就给你寄去。我觉得你看了《奇观》就够了。"三言""二拍"，每部收短篇小说四十篇，五部共两百篇。《奇观》编者又从两百篇中选出四十篇，"明言"和"恒言"里的较好小说都选在《奇观》里面了。当然那个人选的也有好些糟粕，那是时代不同，观点不同，过去的"好东西"到今天也很可能成了毒草。所以我认为看完四十篇就够了。

英法文学名著中译本我这里有的不多，有些小林早要去了。别的以后找出来，再寄几本给你。

祝

好!

蒂甘

十一月二十四

问候大妈、你几位姐姐和姐夫!

一九七五年十二月二十五日

李致：

　　信收到。我的眼睛已找人检查过了，说是泪管堵塞，问题不大，常到医院去通通就行了，我已去通过三次。小林去杭州已三周多，我已向里委和街道乡办打了报告，戏剧学院和出版社编译室也出了证明。说是有调回的可能，不过还要经过调查和讨论。总之要等到有结果还需要一段时间。

　　《太平洋战史》后面缺两册，将来可以托人在旧书店找找。大字典我看用《辞海》就够了，以后再想法找别的，如《康熙字典》。前两天寄你一包书，想已收到。我还是一切如常，不过这几天患感冒，人不太舒服。大妈身体怎样？替我问候她。

　　祝
好！

尧棠
十二月二十五日

　　问候秀涓。

一九七六年一月十四日

李致：

你要字典，我把《康熙字典》寄给你，我想查难字怪字，这也够用了。

总理逝世，全国人民一致悲痛，我也十分悲痛。他是一个伟大的革命家，一个大公无私的共产主义战士，他没有家，没有私生活，每天工作十八小时左右，把整个一生和巨大的精力奉献给中国人民革命事业，给无产阶级革命事业。一九四四年到一九四六年在重庆和上海，一九四九年到一九六六年在北京和上海，我多次看见他，他对我很亲切。我忘记不了他。回想他的言行，我又一次受到教育。

萧姐大约每周到我们家一次或两次，她身体不大好，但喜欢活动，熟人多，应酬多，她自己说是没有精力写信。

祝

好！

尧棠

一月十四日

问候大妈和秀涓。

一九七六年一月二十日

李致：

　　两封信都收到。我大约每周去医院通眼睛一次，右眼已好多了。左眼上周患结膜炎，没有通，给了药给我，每天点眼药，晚上少看书，也逐渐好了。这星期还要去看。

　　寄点书给你，算不了什么，只希望你好好工作，能做出点成绩。我的书房还未启封（旧作协那里去年有解放的人柯灵、王西彦等的书房也都未启封），不过里面大半是成套的外文书，我一时也用不着。外面的书也不少，我有时还送点书给别人。还有小林、小棠也拿了些书去。给小林的最多，你是第二。

　　我托你替我买一部书：庚辰本《脂砚斋四评石头记》，这是北京人民文学出版社最近印出的，售价七元多。我本来托这里一个朋友代买，他忘记了，我估计你可以买到。如你有困难就写信给我，我再找别人。如买得到就汇钱给你。

　　再过一星期小林夫妇就要回来过春节。

祝

好!

          尧棠
         一月二十日

问候秀涓。

一九七六年二月二十三日

李致：

　　信收到。我这是一切都好，泪管堵塞已经通了，前两天又有一个朋友介绍我到另一个眼科医生处检查过。
　　大妈的病现在怎样？她仍在医院吗？念念。
　　小棠调回的手续已办好，据街道乡办说已报到区乡办，这样看来希望更大了。
　　祝
好！

尧棠
二月二十三日

问候秀涓。
还有，如见到子青同志，替我问候他。

一九七六年三月五日

李致：

  二十七日来信收到，书也由萧姐送来了，谢谢你。今天汇上书款（包括邮费）八元，并挂号寄上你要的《鲁迅日记》一部。别的书小林拿走了些，一时也找不到什么。将来如发现你要的书，会寄给你。《金瓶梅》我有一部，在运动初期烧掉了，因为怕小棠他们找到翻看，这部书我自己也看不下去，从未看完过，烧掉也并不后悔。如方便，还要你给我买一本甲戌本《脂砚斋重评石头记》（一册，售1.75元）。戚序本我已在此买到了。

  听国焖讲你眼睛还是不大好，要随时注意。我的眼睛无大问题，这是老年人的病，只有让它去了。不过我也要注意保护。

  替我问候大家。

  祝

好！

尧棠
三月五日

问候秀涓。

一九七六年四月二十四日

李致：

　　信收到，我后来又寄了一包书给你。下个月内还要寄出几本书，里面有一部雨果的《九十三年》，是我一九四二年回成都时带走的，书上还有你父亲①的图章，让你保存更好些。花椒尚未收到，你替我谢谢子青兄。我眼睛最近好了些，泪管已经畅通了。
　　祝
好！

尧棠
四月二十四日

　　问候全家。

---

① 你父亲：李尧枚（1897—1931），巴金大哥。

一九七六年五月六日

李致：

　　你的两封信都看到了。书买不到，不要紧，我已在编译室资料室借来翻看过。你要的那几本古文我手边没有，《古文观止》李小林早要去了。《九十三年》已经寄出，别的几本书，以后再寄。我身体还好，一切如常。小棠困退调令已发出，他过两三天就要回明光办理迁回户口的手续，据说迁回以后还得在生产组劳动一个时期，才分配工作。别的事，以后再谈。
　　祝
好！

尧棠

五月六日

　　问候秀涓。

一九七六年六月九日

李致：

　　信收到。萧姐已在五月下旬退休了，可是她似乎更忙，不习惯，身体也不好。小棠调回来，户口也已迁回来了。前天起在街道乡办团委青少年教育组帮忙工作，按时上班和学习，等待分配。他的情绪很好。我五月份学习比较忙些，小叔叔仍在干校，现在每月返家休假四五天，八月内轮训结束。你向他要书我不支持，因为他的书不多，家里还有你两个妹妹要看书。最后我托你代买一部周汝昌著的《红楼梦新证》。有人找我代购，我在这里买不到。我想这是新出的书，你大概有办法。希望能办。

　　祝
好！

　　　　　　　　　　　　　尧棠
　　　　　　　　　　　　　九日

　　问候秀涓。

一九七六年七月七日

李致：

　　信收到。地震的事我完全没有想到。剑波刚来信，说大邑要地震，可能波及成都。预报也许只是推测，不一定成事实，但预防总是必要的。几个月前山西临汾有朋友来信说他们那里有预报，大家有些恐慌，不过至今还没有出现情况，希望这次也只是预报而已。要小心。我们都好。我一个多星期前闪了下腰，贴了膏药，好些了，但还没有复原，坐久了，就感到隐痛。你们都好吗？有什么困难吗？大妈身体怎样？几个姐姐都好吧？书不用买了，现在还是防震要紧。朱总逝世，我感到悲痛，他虽然九十了，可是看起来还很康健，想不到一下子就离开了我们。二十年前在柏林中国大使馆里我和他同桌吃过饭，后来在人大小组会场上和他谈过话。他的四川口音比我还重。他的确是个伟大的革命战士。小棠现在还在街道团委青少年教育组暂时工作，等待正式分配，目前一天三班，他的情绪倒很好。小林夫妇在杭州工作也起劲。

　　别话后谈。

祝
好!

        尧棠
       七月七日

问候秀涓。

一九七六年七月二十五日

李致：

　　信和书都收到。书款已汇还，想已送到了。我的腰是在通阴沟后又抱端端撒尿弄伤了的。经过打火罐、贴膏药，搞了两三个星期，现在可以说是好到百分之九十七八了。以后更要当心。上海最近很热，但我们家里人都很好。小棠仍在街道团委青少年教育组工作（暂时），情绪很好。济生去干校半年，今天要回来了。小林夫妇月初请假回家过了一个星期。萧姐每周来我家一次或两次。她虽退休，但仍参加机关学习。成都地震预报大概成了一场虚惊，这也是好事，剑波也常有信来。你们一定安定下来了。家里人都好吗？
　　祝
好！

　　　　　　　　　　　　　　　　　　尧棠
　　　　　　　　　　　　　　　　七月二十五日

　　问候秀涓！
　　我还要托你代买一部书（我昨天在我们资料室看见的

新书）：

中华书局新出影印金圣叹批的《水浒传》，共八册，全名我记不清楚了。是内部发行的书。

书倘使买到，请直接寄到我家，因为八本书寄一个邮包，邮局不肯送，只送个通知单，要收件人持单去邮局三楼自取。以前萧姐都是托人取来后，给我送来的，我不愿增加她的负担，我自己去取倒方便。我有时也托一位北京的朋友买书。

一九七六年八月十四日

李致：

　　好久没有得到你的信了。昨天萧姐送来你寄给我的评《水浒》资料两册，谢谢你。听说成都地震警报尚未解除。唐山震后，你们那里还是紧张。剑波来信说，川大也要搭帐［篷］。我估计成都这次大概不会有大问题，而且你们早有防震准备，很可能平安过去。我已得到北京来信，朋友们都平安，不过还有余震，大家晚上都睡在窝棚里。我们这里一切都好，只是天热。小棠这星期一给分配到上海益民食品厂工作，暂时做装卸工。他的情绪很好。萧姐最近身体不大好，她退休以后心情一直不能平静。

　　我上次写信托你代购金圣叹评《水浒传》。不用买了。我已借来翻看了。

　　你们都好吗？大妈好吗？你姐姐们都好吗？
　　祝
好！

　　　　　　　　　　　　　　　尧棠
　　　　　　　　　　　　　　八月十四日

问候秀涓。

一九七六年八月十八日

李致：

  前信想已收到。今天听广播（报纸还没有送来），知道四川松潘、平武地区发生强烈地震，"损失很小"（这是不幸中的幸事），说是成都"强烈有感"，大概是大家感觉到强烈的晃动吧。不知你们一家的情况怎样，有没有受惊？地震是否结束？或者还有余震？还有没有警报？要不要搭帐篷过夜？我们很关心，希望你们保重，也希望你抽空给我们讲点简单的情况。上海最近天热，但大家都好。祝你们平安。问候大妈和你的姐姐、姐夫们。

  祝
好！

尧棠
八月十八日

问候秀涓！

一九七六年九月六日

李致：

信收到。知道四川几次地震的情况，我们也比较放心了。江苏也有警报，我们这里也打过招呼，没有惊慌的情况，但少数地区有人捣乱，也有人自扰，发生跌伤的事。我是事后才听说的。你问起鲁迅先生日记中有无记录一九三五年黄源为《译文丛书》请客的事。有的，见《日记》下1075，"河清①邀在南京饭店夜饭，晚与广平海婴往，同席共十人。"还有两次：1. 1108页二月九日（三六年）："晚河清邀饭于宴宾楼，同席九人。"2. 1119页五月三日："译文社邀夜饭于东兴楼，夜往集者约三十人。"

我同先生第一次见面是在三四年八月五日，见《日记》999页："生活书店招饮于觉林②，与保宗同去，同席八人。"保宗就是茅盾。

你要书，过两天寄几本给你。你上次提到的《圣彼得

---

① 河清：即黄源（1906—2003），作家、翻译家、编辑家。
② 觉林：当年位于在霞飞路的觉林素餐馆。

的伞》，可以寄给你了，小棠要了别的书去。小棠每天到益民食品三厂去上班（现在上早班）。我们大家都好。你们一家人怎样？替我问候。

希望早日完全解除警报。

祝

好！

尧棠

九月六日

问候秀涓。

一九七六年十月二十三日*

李致：

　　好些天没有给你写信了。寄你的几本鲁迅的书，想已收到。《桃花扇》也早寄出。老舍的《四世同堂》未写完，精装本就只出了第一部。今天林才跑到出版社编译室找我，问我大妈的地址，说要写信，又说通了信，就不用去四川了（他要去福建找他的女儿）。我说大妈的情况我也不清楚，要他去信向你打听。他讲话我百分之八十不懂。我讲话似乎他也不懂。我在学习，也没有和他多谈。"四人帮"被揪出，砸烂，大快人心。上海人民也十分高兴。中央派了苏振华、倪志福、彭冲三位同志来上海领导工作。

　　别的话下次谈。
　　祝
好！
　　问候秀涓

芾甘
二十三夜

一九七六年十一月四日

李致：

　　信收到。我们都好。砸烂"四人帮"，为民除害，大快人心。人民会高兴。上海是"四人帮"经营了将近十年的黑据点，爪牙不少，问题也多，出版社党委一、二、三把手都是他们的人，因此阶级斗争的盖子至今揭不开，现在正在要求新市委派工作组来。我现在学习稍微忙一点。但还有点时间搞翻译。"四人帮"垮台，我晚上睡觉比较放心了。他们一帮人是希特勒的信徒，张春桥疑心我知道他的底细，一直压着我，其实我对他的叛徒历史和三十年代黑文一无所知，只是解放后在上海同他接触中感到他这个人有点阴险可怕而已。现在没有心思理书，以后找到什么书再寄给你吧。

　　祝
好！

　　　　　　　　　　　　　芾甘
　　　　　　　　　　　　　十一月四日

　　问候秀涓。

一九七六年十一月十二日

李致：

八日信收到。我现在仍是一周在单位学习两天。见着杨子青同志，替我问候他。我仍在搞翻译，不过还是很慢，但也已抄好第一卷①，有十几万字了。如方便，给我买点辣椒面寄来（花椒面，我这里还有）。国煜的身体怎样？我的一切如常。我也不急。小棠情绪很好，他们那个厂生产成绩不差。

祝
好！

芾甘
十一月十二日

问候秀涓。

---

① 第一卷：指俄国作家赫尔岑的回忆录《往事与随想》的第一卷。

一九七六年十一月三十日

李致：

前信想已收到。我还是每周去单位学习两次，有时开会多去一两次。这里出版系统运动一时还无法大开展。群众动起来了，但党委头三把手是"四人帮"亲信，陷得很深，现在他们还没有下来，要领导运动又不行，群众有意见。上海是"四人帮"经营了十年的"独立王国"，亲信爪牙多得很，苏振华同志讲话，要把问题一件件搞清楚。看来得花相当长的时间。目前最重要的是抓工交、财贸等系统，文化方面恐怕要放在后头。不过形势还是大好。我个人来说，"四人帮"垮台我可以安心睡觉了。他们极其小器，对得罪了他们的人，他们就像基督山伯爵那样报仇。我得罪过张、姚，倘使他们不倒，他们总有一天会把我搞掉，这些"人面东西"！

我要托你给我买一本书，就是上海人民出版社出的内部书，《第二次世界大战的重大战役》，是我们室里最近出版的，登记的时候我没有在，错过了。我估计你们那里可能还没有到，或刚刚到，你去买，总买得到。

别的话下次谈。

祝

好！

芾甘

十一月三十日

问候秀涓。

一九七六年十二月二十日

李致：

　　九日来信收到，今天又收到辣椒面，很满意。我们一家很好。但萧姐还是那个样子，稍微劳累就不行。"四人帮"揪出打倒后，大家都是心情舒畅，精神振奋。你忙是应该的，这是有事可做，可以贡献自己的力量，是好事。

　　我前次托你买的《第二次世界大战的重大战役》，不要买了，我已在这里看到了。我托你给我买另外一部书。书名大概是《十字勋章和绞索》，是北京出版的长篇翻译小说。你留心一下。

　　本月六日我寄了一包书给你，想已收到。以后每年你过生，我总会送你几本书。当然平时我想起来，也会寄点书给你。

　　问候你一家人，包括你母亲和三个姐姐。

　　祝

好！

　　　　　　　　　　　　　　　　　芾甘
　　　　　　　　　　　　　　　十二月二十日

一九七七年一月九日

李致：

　　信收到。《欧洲文学史》我手边只有外文的。不过听说以后人文要出一种。关于佛经的书我一本也没有。

　　"抒锦注耳"这句话的意思是"您不用挂念"或"请您不要挂念了"。"抒"的意思是"解除"，"锦注"就是"您的关心"。过去尺牍里有这样的客套语："知关锦注，特此奉告（闻）。"就是"知道您关心，特此告诉您。"

　　沙汀送的花椒面早收到了。你替我谢谢他。他的近况如何？

　　我很好。

　　其他以后再说。

　　祝

好！

芾甘
一月九日

　　问候秀涓！

一九七七年一月十七日

李致：

　　信收到。文章①我没有写，因为没有刊物来组织我写，我也不必急于发表文章。我相信问题总会彻底搞清楚的。上海是"四人帮"苦心经营了将近十年的黑据点，爪牙太多，层层都有，只好一步一步地搞。文化局党委在十几天之前还是过去那些人，因此运动进展很慢，出版社也是如此。但现在文化局和出版社都有新的人来主持党委工作。情况不同了。我的问题仍须由文化局解决，到时候我会去找文化局党委的。有人对我说，别人会替我讲话。我更不用着急。

　　还有一件事托你：上海新出了一本《党人山脉》②（是日本小说《吉田学校》的第二部），是内部书，你记住替我买一部。

　　今年上海很冷，真是天寒手僵，写字不便，不写了。

---

① 文章：李致曾建议巴金写一篇拥护打倒"四人帮"的文章。

② 《党人山脉》：〔日〕户川猪佐武著，上海人民出版社1976年出版。

祝
好!

　　　　　芾甘
　　　　一月十七日

问候秀涓。

一九七七年一月二十八日

李致：

信收到。你要靳以①的书，给你寄了《前夕》和《小说散文选》。另外寄去一部《小儿子的街》，这是斯大林时代的作品。子青同志给小幺爸的信已转去了。济生说他有一册平装的，打算送给子青同志。有两册精装的，一册是作者送我，另一册是作者送给四婶②的，现在把四婶的那一册转送给子青同志，也请你转去。书分两包，两次寄出。另外，我给子青写了一封信也请你转去。

还要请你替我买两本书：

一、《油断》③，日本小说（内部书），北京人文出。

二、菲律宾小说（内部书），北京人文出，名字搞不清楚。

---

① 靳以（1909—1959）：作家。
② 四婶：萧珊。
③ 《油断》：[日]堺屋太一著，人民文学出版社1976年出版。

三、《先人祭》①，北京人文出。

《十字勋章和绞索》也是人文出的，是否已经发行就不清楚了。

  祝

好！

芾甘
一月二十八日

---

① 《先人祭》：［波兰］亚当·密茨凯维支著，人民文学出版社1976出版。

一九七七年二月十五日

李致：

信收到。《党人山脉》我已在这里买到了，成都既然没有到，就不用另买了。《十字勋章与绞索》这个书名我也是听别人讲的，不一定可靠。但有两部书要请你代买：一、《油断》，北京人文出版；二、《热血》①，上海人民出版。

《暴风骤雨》我有一册旧版的，下次和别的书一起寄给你。《山乡巨变》还有一册续篇，你买到了吗？

祝
好！

芾甘

二月十五日

问候秀涓。

---

① 《热血》：应为《热的雪》，[苏]尤里·邦达列夫著，上海人民出版社1976年出版。

一九七七年三月三日

李致：

家宝的女儿万方在《人民文学》上发表了悼念总理的诗，还不错。

你的信收到。《山乡巨变》续篇全文一次刊在一九六〇年出的《收获》第十六期上面。《收获》，我记得以前曾经按期寄给你，你一定还有。我这里也有合订本，不过寄起来太麻烦。

春节期间统战组有人来找我谈过，说是我的问题上面已经知道了，是马、徐、王①等六人签名决定的，以后会彻底解决，现在还来不及办，等等，大意是这样。我表示不必急，但我说只希望把是非弄清楚，该怎么办，就怎么办。出版社、编译室都替我讲过话，问题是上海的运动进展较慢，特别是文化系统，工作组还未下来，别的下次谈。

---

① 马、徐、王：指马天水、徐景贤、王秀珍。

祝
好！

　　　　　　　　　苇　甘
　　　　　　　　　三月三日

一九七七年三月十四日

李致：

五日来信今天才看到。萧姐这两天身体又不大好，但也不会有大问题。

《油断》收到，等你买到另一本书《热的血》时，一并寄还书款。

关于我的问题，你这次信上说得对："需要有耐心。"我一点也不急，因为我对自己有一个估价，自己把是非弄清楚了，就不在乎其他了。我只想在八十岁前把赫尔岑的《回忆录》译完。全书一百二三十万字，还需要加不少注解，译好它，即使不出版，送给国家图书馆，供将来的读者研究者参考也算做了一件事情。鲁迅先生要是活着，他一定会赞同我的计划。

春节后统战组有人来找我谈过，说是我的问题上面知道了，当时是马、徐、王等人签名定下来的，事情会解决，但得慢慢地来，叫我安心等待。接着北京新华社有两个人来找我谈我的情况，还到楼上看了我工作的小房间和未启封的屋子，他们说事前到编译室找支部书记（周建人的女儿）谈过。（我估计他们会写内部情况汇报，谈一些知识分子的情况。）编译室的同志也告诉我出版社已提出我的问题，还有一个同事说市政协里也有人提起我的事情，我自己也知道黄宗英①也在一个会上讲过。既然有人讲了，我更用不着出声了。的确有些熟人替我着急，写信来问，或者当面谈。我觉得急也没有用，我现在需要的倒是安静的译书的环境，就这样过到八十岁，我一定把那部大著译好了，反而是一件好事。

话可说的很多，意思就是这一点。我很好，也想多活，你不用替我担心。

祝

好！

芾甘

三月十四日

问候秀涓。

还问候大妈和你们一家。

---

① 黄宗英（1925—2020）：表演艺术家、作家、编剧。

一九七七年三月二十五日

李致：

信收到。《李自成》二卷上册能直接寄我一册，当然很好。

顾均正①同志病情好转，这是好事。去年冬天气候不好，对一些有慢性病的老人不利。现在天气转暖，以后不要紧了。《热的血》过两天就会收到，你说不用寄还书款，我就不寄了，以后再说吧。现在杂事多起来了。一时挤不出时间写《回忆录》。我正在抄改赫尔岑第一卷（二十五万字），可能在五月中抄完。

祝
好！

芾甘

三月二十五日

问候秀涓。

问候大妈和全家！

---

① 顾均正（1902—1980）：科普作家、出版家。

一九七七年四月十八日

李致：

　　信收到，《李自成》二卷上册已寄到了，谢谢你。最近因传达中央文件，宣讲第二批材料，等等，我们开会较多。现在又开始学习《毛选》五卷。主席这卷光辉著作中讲到的好些事情我都还记得，其中有些还经历过，有几篇报告也曾亲耳听主席宣读，现在重读这些雄文，感到十分亲切。

　　我们家里人都好。我也不错。

　　昨天寄上一包书，其中一册《过渡》请转给子青兄。我的问题似有一点进展，但一时也讲不清楚。

　　《儒林外史》重版了，我已见到。听说以后要出点西方古典文学名著。

　　别的话以后再说。

　　祝

好！

　　　　　　　　　　　　　　　　芾甘

　　　　　　　　　　　　　　　　四月十八日

　　问候秀涓！
　　问候你妈妈和姐姐、姐夫们！

一九七七年四月二十二日

李致：

　　你的信收到，我给你的信也应该到了。前天晚上出版社党委两位书记来找我，说"四人帮"搞的我的结论不算数，现在另外搞过，不久就可办好，市委同志也很关心。在办好手续之前，先把我的书房打开。这一次算是彻底解决了。我估计下月内可以完全办好。有个朋友告诉我：这次复查时看见张、姚许多批示，是否确实，还不清楚。新党委书记也说，张曾讲过："对巴金不枪毙就是落实政策。""四人帮"如不倒，我是翻不了身的，这一点我也知道。

　　别话后谈，［另］外一信请转子青兄。
　　祝
好！

芾甘
四月二十二日

　　问候秀涓！问候大家！

一九七七年五月二十五日[*]

李致：

　　信收到。我们还在开小组会，发言时间还未到。发言内容和我最近写的一篇散文差不远，现在把文章寄给你看看。
　　祝
好！
　　问候秀涓。

　　　　　　　　　　　　　　　　　　芾甘
　　一九七七年五月二十五日

一九七七年六月四日

李致：

　　信收到，听说你借了一份《文汇报》给沙汀，他说打算不还给你，正好我也给你寄了一份，你原来那份就留给他吧。我在文艺座谈会上的发言也要在《文汇报》发表。这里统战系统也要开一个揭批"四人帮"的大会，一定要我在会上发言，稿子刚刚写好。这以后大概可以静下来了。《人民日报》约我写篇散文，但现在杂事多，没法执笔。以上就是我的近况。

　　我托你代买一册上海出的内部书《十三天》[①]，是美总统肯尼迪的弟弟写的。

　　其他的事以后写。

　　祝

好！

芾甘
六月四日

问候秀涓。

[①] 《十三天》：《十三天——古巴导弹危机回忆录》，[美] 罗伯特·肯尼迪著，上海人民出版社1977年出版。

一九七七年七月十二日*

李致：

信收到。你要的书，巴尔扎克的，小林早要去了。其他的也不一定找得到。华沙城①那里还有一本。找到别的书一起寄给你，最近天热事多，无法找书。寄一张最近照的相片给你。别的话以后再谈。

祝

好！

芾甘

七月十二日

问候秀涓。

---

① 华沙城：巴金著《华沙城的节日——波兰杂记》，平明出版社1951年出版。

一九七七年八月十日

李致：

　　好久没有给你写信了。我近来实在忙。每天弄到十二点才上床。事情总是做不完，连看书的时间也没有。《李自成》中卷齐了。《十三天》如未买到，就不必买了。我在这里买了。我新译的《处女地》年内将在人文出版。《家》也要再版，我新写了一个短短的后记。《回忆录》在上海分册出，最快也在明年出一、二册。现在在为上海的新刊物写点东西。

　　我一家人都好。前些时候拔了一颗牙齿，也很顺利。
　　祝
好！

芾甘

八月十日

　　问候秀涓！
　　问候大家！

一九七七年九月十四日

李致：

  十二日来信收到。你的信我都看到。内容大致记得。一、你要书；二、想买一些书；三、建议我写什么文章。书能寄你的就寄给你，有的我找不到，有的小林要去了，有的我自己还要用；买的书，现在还没有找到熟人，去旧书店也看不到什么好书；写文章，也要看具体的条件，八月底为《上海文艺》写了个抗美援朝的短篇，两万多字，已经筋疲力尽了。我还有些活动和外宾任务，又有大批读者来信，四个月来每天都是十二点后睡觉，再搞下去，我担心眼睛出问题。因此我考虑今年之内停笔。《家》再版出书总在今年之内，我倒希望缓出，因为要书的人多，我不知怎么办才好。总之，你的一本不成问题。

  祝
好！

  问候秀涓！

芾甘
九月十四日

一九七七年十月二十一日

李致：

　　两信都收到。关于《家》的那一处，你的看法有你的道理，但我有我的看法，我写觉慧，也并不掩饰他的缺点，我觉得这倒是真实的。说来话长，将来见面时，详谈吧。至于两个问题，一、"校书"意思是妓女；二、通奉大夫是清朝的二品官。你翻看《辞海》，就可以查到。李芹昨天返川，想已见到。我忙，身体不好，没有精神找两三本书交她给你带去。你要书只好亲自来取。

　　祝
好！

芾甘
十月二十一日

问候秀涓！
也问候大家！
《上海文艺》还未送来，我拿到后当寄你一册。

一九七八年二月十二日*

李致：

信收到。我很忙。现在简单地谈两件事：

一、你几年前托萧姐代购日本电影剧本《故乡》，究竟买到没有？如你没有，我可以找一本。

二、上海文艺要用高缨①的文章，却听说高缨还有问题，编辑部的人转托我向成都朋友打听。我想你可以给个明确的回答。只要简单地写几句就行了。

 祝

好！

问候秀涓。

芾甘

一九七八年二月十二日夜

---

① 高缨（1929—2019）：作家、诗人。

一九七八年三月二十三日

李致：

　　我十九日返沪，就患感冒病倒了。二十日信见到，但附在书包内的信却未看见，不知你写了些什么。可否再讲一遍？小林今天返杭。萧姐的东西已交给她了。我们的情况如常。我还需要在家躺两三天。有事请写信来。代我问候大家。
　　祝
好！

芾甘
三月二十三日

　　问候秀涓。

一九七八年六月四日

李致：

得到你们社里二编室一位同志的电话，现在把发言稿寄上。我是照增改稿念的。发言稿收入"近作"无问题。不过这篇发言可能七月内在这里发表，希望"近作"不要在这之前出版，过了七月就不要紧了。这是一个条件。

还有，那位同志的姓名我记不清楚了，请你告诉我。

会议五日闭幕，我六日离京。

祝

好！

芾甘

六月四日

问候秀涓！

问候大妈和全家！

一九七八年六月九日

李致：

信书均到。

你要的书，日内可以寄出。

我在京寄的发言稿收到没有？那篇发言将在《文艺报》第一期上发表，因此你们的书，不能在八月前出版。

还有一处改正：原稿第五页第七行《丹心谱》后面，要加上"东进东进"四个字。

余后谈。

祝

好！

芾甘
六月九日

短文一篇是为《文艺报》写的，抄一份给你们。

一九七八年六月十六日

李致：

十三日信收到，书已寄出。莎士比亚全集尚未见到。

书七月或八月出都可以。不过我还有一篇悼郭沫若同志的文章大约明天写好，如决定加入，过两天寄给你。如不加入，就等再版时补进去。《我的希望》中有句话："把'四人帮'弄颠倒了的是非颠倒过来"，后面这个"颠倒"最好改作"纠正"。

汝龙把你的信转来。我当然支持你。不过他在半年前把三本稿子寄给译文出版社了，那里没有回信。我看要等他去信催问得到那边答复后，才会决定吧。

别的下次写。问候秀涓。

祝

好！

芾甘

六月十六日

国煜国炜信收到。这两天我很忙。过几天稍微空一点，我要寄点书给国炜她们。

一九七八年六月二十二日

李致：

　　信收到。悼郭老文底稿寄上。这短文和发言都将在《文艺报》发表。短文最好以《文艺报》上发表的内容为准。因此《近作》的出版期还得改在八月。一定要办到。

　　关于汝龙的契诃夫集子的事我当然支持你。不过他早已寄了三本译稿给译文出版社。问题在于译文社收到稿后不曾明确答复，是否同意汝龙的计划。我劝他写封信去问个明白。译文社不出全集，就给你们出也好。多出几本契诃夫集子，对中国业务作者①有好处，的确可以作为"借鉴"。

　　祝
好！

芾甘
六月二十二日

　　悼郭文不要先给别人看。又及

---

① 业务作者：原文如此。

一九七八年六月二十四日

李致：

　　上次信忘记谈罗淑事。你们要出她的选集，我不反对。她的四本小书挂号寄给你看看，出版与否由你们决定。编选的事也由你们负责。我这里还有两封她的亲笔信，如需要也可以借给你们。

　　上次寄上的悼郭文中改了两个字，改错了，应该是"卓越"不是"杰出"。

　　另一信请转国莹。

　　祝

好！

　　　　　　　　　　　　　　　芾甘

　　　　　　　　　　　　　　　六月二十四日

问候秀涓！

寄罗淑小书的邮包中还有一册《铁木儿》，此书你如有了，就转送给国炜她们。又及

一九七八年六月二十五日

李致：

　　昨天寄出一信想已收到。罗淑集子寄出了。用后请即寄还。还有一件事：《往事与深思》第六章十四段（《世界文学》190页11~13行）原文"一直到一八四八年我国大学的组织都是纯粹民主的。勿论是农奴，勿论是没被所属农村公社开除出来的农民，只要是通过了入学考试，每个人……"请改为"一直到一八四八年我国大学的组织都是纯粹民主的。除了农奴以外，除了被所属农村公社开除出来的农民以外，只要一通过了入学考试，每个人……"这是别人替我改的，我现在对着原书考虑一阵，觉得还是改回来好。如已打好纸型就请重排一面。

　　祝
好！

　　　　　　　　　　　　　　　　　芾甘
　　　　　　　　　　　　　　　　　六月二十五日

一九七八年六月三十日

李致：

二十七日信收到。

关于几件事情回答如下：

1."近作"最好八月份开印。我并不要求什么，但是我不愿意看见它在《文艺报》出版前印出。你们要早印，就把那篇悼念文章删去，等再版时补上去吧。否则就得等一下。

2. 汝龙译的集子据说译文社要出，我打电话去问过。我劝他给你们选集，或者别的。

3. 你要的书买到就给你寄去。

祝

好！

巴金

六月三十日

问候秀涓！

再说两句《文艺报》七月创刊，要发表我两篇文章。

我如果在它创刊之前就把两文收在集子里出版了，等于拆它的台。倘使我是《文艺报》主编，别人这样对待我，我也会不高兴，因此我决不这样做。又及

一九七八年七月二日

李致：

　　前天寄上一信想已收到。我仍主张"近作"在八月份付印。悼念郭老的短文不用改什么。只是第二句"我离京的前一天……我和两个朋友"中"我"字用了两次，重复了，请把前一个"我"字取消。

　　还有最后一段中引文"我如烈火一样地燃烧"这一句里的"如"字有没有写错，请查一下。改好即可付印。

　　余后谈。

　　祝

好！

　　　　　　　　　　　　　　　芾甘

　　　　　　　　　　　　　　　七月二日

一九七八年七月三日

李致：

关于"近作"，我再一次说说我的意见。

书八月份付印，出版。内容不必再改。

《文艺报》一期除发言稿外只能发表一篇短文。那篇《我的希望》大约在第二期发表。书八月出版，不用延迟了。请转告曹里尧①同志。

　　祝

好！

芾甘
七月三日

问候秀涓！

---

① 曹里尧：应为曹礼尧。时为四川人民出版社编辑。

一九七八年七月六日

李致：

　　二日来信收到。关于"近作"，我再说一次。最后三篇文章的内容不必再改，就照我上次信中所说为定，可以付印了。书八月份出，无问题，不必等《文艺报》第二期。

　　李芹要的书我手边没有。天热，我一时不可能出去逛书店。倘使以后找到适合她需要的，会给她寄去。现在不另回信了。你要的书，要等书店送到才能寄给你。

　　《近作》出版，因都是发表过的文章，不用发稿酬，只寄我三十册书就够了。我也不打算多送人。

　　祝
好！

　　　　　　　　　　　　　　　　芾甘
　　　　　　　　　　　　　　　　七月六日

问候秀涓！

一九七八年七月十二日

李致：

九日来信收到。你提到的那个标点符号是"："（冒号）。别的不用改了。

《近作》出版，四川家里的人像西舲、巨川、通甫[①]诸位，每人送一本吧，请你代办，省得我在这里包封邮寄了（还有天裔、钵颉、剑波[②]他们）。

你要的书我这里只拿到《福尔赛世家》三册，别的还未送来，再等些时候吧。

祝
好！

芾甘

七月十二日

问候秀涓！

---

① 西舲、巨川、通甫：均系巴金堂弟。
② 天裔、钵颉、剑波：均系巴金朋友。

请告国煜：《家》已送了沈亮①，还托他带一册《新英汉辞典》给国煜。最近又寄了一包书给国炜。书是有的，就是包扎、邮寄花工夫。又及

---

① 沈亮：李国煜同事。

一九七八年七月二十六日

李致：

二十四日来信收到，老舍书三册早收到了。

《近作》出版，请你替我分送剑波、天奇、钬颉等老友，和西舲、巨川、通甫等，国煜几姊妹，李舒、李芹等，我都不签名了。其他各地的朋友，我不想送。这本书不是我自己编的，我有理由推脱。《家》送了六七百本，几乎本本签名，那是我自己编的，没有办法。

别的话下次谈。

祝

好！

芾甘
七月二十六日

问候秀涓！

一九七八年九月六日

李致：

  信收到。书一百册也到了，谢谢你们。我这些天一直忙，没有工夫写信。其实我很好。只是牙齿、眼睛有点毛病。寄上两篇文章剪报，还有一篇《创作回忆录》是给香港《文汇报》写的。发表后有剪报就给你寄去。这个月要写几篇"后记"，还要写两篇短文。上月我去北京只住了三天。可能这个月还要去北京。

  别的话以后再说。祝
好！

芾甘
九月六日

问候秀涓！

问候大家！

一九七八年九月二十二日

李致：

　　信收到。莎氏集已寄上了。昨天寄出《外国文艺》一册，托国炜转给你，你去拿吧。

　　《其芳选集》我提不出意见，我没有时间考虑或翻书。你还是找沙汀向文［学］研究所的同志们征求意见吧。还有卞之琳①。

　　《论红楼梦》我赞成选入，让"百家争鸣"吧。

　　《回答》我未读过，不便发言。

　　其芳书信我这里有一些。但这次抄家抄走后退回来一时找不到了。现在找出三封寄给你。给我好好保存着，用后还给我。

　　祝
好！

芾甘
九月二十二日

问候秀涓！

---

① 卞之琳（1910—2000）：诗人、文学评论家、翻译家。

一九七八年九月二十九日

李致：

　　信收到。我这两天生病，医生要我休息一星期。回你一封短信：编选赴朝文章的集子，我无什么意见。你们要选就由你们选吧。不过《新声集》中选了的，就是经过我自己改动过的，应当以它们为准。

　　《快乐王子集》我想改一下，但现在没有时间。因此搁一个时期再说。倘使我身体好起来，我倒想把《家庭戏剧》改一下，交给你们印一两版。

　　我在写《创作回忆录》，那是人民文学出版社要的。

　　你开完会来上海转一下也好。

　　《鲁迅辞典》怎样了？

　　祝

好！

　　　　　　　　　　　　　　芾甘

　　　　　　　　　　　　九月二十九日

问候秀涓！

一九七八年十二月四日

李致：

　　信收到。家宝已给你写了回信。我还是事情多，信债难还清。

　　《近作》再版，我无意见。《英雄的故事》付印，我希望能将有关彭德怀的那篇收进去。（不知有无困难？）邓副主席已称他为同志，那么他不是什么反党分子了。王尔德童话，我还没有时间改，这里少儿社来信要，我还在考虑。我看就不给你们了。你们印我的书多了，也不好。你把曹禺的《王昭君》要了去，就很不错了。

　　别话后谈。
　　祝
好！

芾甘
十二月四日

　　问候秀涓！

一九七八年十二月十一日

李致：

　　信收到。《王尔德童话》不一定给你们了，因为这部书，过去由平明①转给上海文艺出版社，上海要出，不便拒绝。《英雄的故事》（收《坚强战士》等四篇）上海有纸型，我说不再印，他们要求印一版，也不便拒绝。你们出你们的，没有关系。关于彭总的文章一定要补进去。今天的《人民日报》已经开头为他平反了。出书早迟，无关系。可能我要为这本集子写一短短的《后记》。

　　《王昭君》希望印得好一些。你答应他的话一定要做到。不妨为作者印二三十册精装本，不知是否能办到。

　　《近作》再版前我不看了，你替我看一遍吧。

　　如方便，给我们寄点辣椒面来。

　　别话后谈。

---

① 平明：指平明出版社。1949年12月由巴金、尤淑芬（李健吾夫人）、李采臣、王辛笛、陆清源共同创办。

祝
好!

      芾甘
十二月十一日

问候秀涓!

一九七八年十二月二十二日

李致：

信收到。寄上附记一篇，请排在《会见彭总》①的后面。《会见彭总》文中有两处改动，请注意：

一、"好容易走到宿舍的洞口"，"好容易"是四川话，请改为"好不容易"。

二、最后"是谁在这寒冷的国土上"，"国土"请改为"友邦的土地"。

寄上剪报两份，你保存着，还有几篇以后再寄。

祝

好！

芾甘

十二月二十二日

问候秀涓！

问候大妈和大家！

---

① 《会见彭总》：《我们会见了彭德怀司令员》。

一九七九年一月四日

李致：

　　信收到。照片三张，你们选用一张吧。用后三张都还给我。我今年上半年可能去法国访问，有一家出版《家》的出版社负责人邀请我去。我如果去，大概把小林带去。

　　祝
好！

芾甘
一月四日

问候秀涓！
问候大家！

一九七九年一月二十日

李致：

　　信收到。赴法之行北京作协派人来商量，要我参加四月召开的文代会，延期访法，现初步改期五月。《会见彭总》一文中还有一两处需要改动。现寄上正误表一纸，请照改。

　　罗玉君①的译稿得找一位懂法文或英文的人看看。

　　别话后谈。

　　祝

好！

芾甘
一月二十日

　　问候秀涓和大家！

---

① 罗玉君（1907—1987）：翻译家。

一九七九年二月十三日

李致：

昨天北京语言学院《文学家辞典》编辑组阎纯德[①]同志来找我。他谈起目前正在同四家出版社交涉出版辞典的事。我看辞书出版社和大百科出版社两家是不会出版他们辞典的。还有天津百［花］出版社和你们两家。可能你们两家都有些框框，不一定马上谈得拢。他希望我写一信给你，要你解放思想。我不知你有无困难。多讲也无用，我看，这是工具书，人越多越好，查起来方便。不会因为有人一入辞典就身价百倍。唯其因为有些人谁也不知，到处查不出，有个辞典翻翻，比较方便。当然乱写一通也不行，句句要有根据。总之有一本这样的辞典比没有好，对外国的汉学家用处更多。至于照片，那是小事，用不用无所谓。我这两天等通知去北京开会。还是忙，感到疲劳。《怀念萧珊》的文章先在香港《大公报》连载，然后在广东《作品》上发表。文章里讲了点我们当时的生活。李芹夫妇早回成都了吧？

[①] 阎纯德（1939—　）：大学教授。

祝

好！

　　　　　　　　　　　　　　　芾甘
　　　　　　　　　　　　二月十三日

问候秀涓！

一九七九年二月十六日

李致：

　　前信想已收到。我来京开会，大约月底前返沪。现在想起一件事情请你办一下。月底前望你把我上次寄给你的《会见彭总》的《附记》退还给我，我要加个头在浙江一个刊物上发表一次，只要《附记》。这个《附记》原来有头，是《爝火集》的后记，我要人文寄还，他们已答应，但看形势，不知何年何月才会寄到我的手里，因此只好找你。我想你们那里官僚作风总会少一些。这信是坐在椅子上写的，无怪写得歪歪斜斜。

　　祝
好！

巴金
二月十六日

　　问候秀涓！

　　成都有无香港《大公报》？我有一篇《怀念萧珊》，发表在该报今年二月二至五日的《大公报》上。我自己手边没有，不能寄给你。

一九七九年三月三日

李致：

　　我从北京回来，就生病。你的信都看到，但杂事多，要写的信也多，没有办法早日回信。首先告诉你：屠格涅夫中短篇人文要出，不便转到别处。

　　我今明天要寄一部稿子给你，那是托尔斯泰的中篇小说《谢尔盖神父》的新译本，译者俄文不错（通信处：北京中关村19楼421号臧仲伦①），替我校过一遍《往事》。这书可以出版，以后还可以找他译点东西。我四月初赴法访问两周，小林同行。三月中到京集中。近几月来，我在香港《大公报》上，发表了好几篇文章，没有把剪报寄给你，只是因为我手边没有多余的。我一天有多少事，也替不少人办事，来不及事事周到。你要什么，得多写信来，一次不够第二次，第三次。别的话下次再谈。

---

① 臧仲伦（1931—2014）：翻译家，北京大学教授。

祝

好!

芾甘

三月三日

问候秀涓!

问候大妈全家!

一九七九年三月六日

李致：

寄上随想录若干篇。不全，因为我也没有。

《怀念萧珊》将在《作品》四月号重刊一次。其余各节，俟收到后补给你。

《会见彭总·后记》我本想在别处发表，但你说已给《四川文艺》，那就不用寄给我了。

别话后谈。我大约二十日左右赴京准备出国。

祝

好！

巴金

三月六日

问候秀涓！

问候大家！

一九七九年三月九日

李致：

　　罗玉君寄来一信，转给你看看。《海上劳工》[1]若你找不到人校对，寄还给她，让李晓舫[2]看一遍也行。他校过寄还，你再看一遍，只要文字过得去，就行了。

　　臧仲伦稿，你看过没有，如能出，可找译者写一前言或后记。

　　别话后谈。

　　祝

好！

芾甘
三月九日

　　问候秀涓和你全家。

---

[1] 《海上劳工》：[法]维克多·雨果著，罗玉君译，四川人民出版社1980年出版。

[2] 李晓舫：罗玉君丈夫，天文学家。

一九七九年三月十九日

李致：

　　寄给端端的两本书，收到。我昨天把《文学写照》寄出了，另外，还有一本高尔基的早期作品。还送你一本《黎明河边》精装本，因为你是藏书家。我要记住以后送你些精装书。

　　《文学家辞典》的阎纯德同志要我写信给你，劝你思想再解放一点，胆子再大一点。我看，先出个试行本吧，对中外的现代中国文学研究者总会有好处。

　　寄去的臧仲伦的译稿收到否？

　　祝

好！

芾甘
三月十九日

问候秀涓！
问候大妈和你们全家！

一九七九年四月二日

李致：

二十九日来信收到。我大约四月十日赴京，在京还要住十来天。谭兴国①同志的稿子今天收到。我两天前得到他的信，讲起这件事，我当即回信说，我正在为出国访问作准备，动身前无法看他的稿子，只好把它留在我这里，等我返国后再解决。我打算让小林他们先看看。《王昭君》已收到，家宝送我的一册也得到了，还可以。雁翼②夫妇过沪已见到了。

还有一件事情，安徽师范大学外语系教授巫宁坤正在翻译司汤达尔的长篇小说《巴姆修道院》，已译了十几万字，以前因戴过右派帽子无人出他的书。现在他的右派错划已改正，但据说译文出版社要另出别人的译本。我知道那个人的译本不会比巫好（巫以前在平明出过《白求恩大夫》等书），介绍巫把译稿拿到你们那里出。你如方便可以写信去同他联系（巫是蕴珍在西南联大的同学，和杨

---

① 谭兴国（1936—2017）：作家、编辑
② 雁翼（1927—2009）：诗人。

振宁也熟。）他的译文不会差。小祝本月可能去成都，他如去，当托他带给你《香港〈文汇报〉三十周年纪念论文集》一册。这是他们送我的，转送给你。你是藏书家。这本书印刷精良，单是看看画，也叫人感到舒服。我记得寄过几封信和稿，讲起一些事，你回信未提及，究竟收到没有？下次你来上海，可以送你一批书。

  祝
好！

芾甘
四月二日

  问候秀涓！
  问候大妈和全家！我算一下，寄给国炜的书已达百种了。要好好保存，作为你们几姊妹的图书室啊。回国后我还要寄书。

一九七九年四月二十一日

李致：

信收到。书也看到了，作协送了一个样本来，很好。

我到京已十天，不太忙，但也不太闲。今天准备工作可能结束，至少总可以休息一天。我仍然感到疲劳，不过估计还可以支持下去。回来再详谈吧。你什么时候到北京、上海？下次到上海，我可以送你一些书。

祝

好！

芾甘

四月二十一日

问候秀涓和你们一家。

问候大妈和你几位姐姐、姐夫。

我们五月十三日返京。

一九七九年六月五日

李致：

　　回上海两周，明天又要去北京开会。

　　《近作》精装本是否可以寄一本给我？我这里一本也没有。《近作》出后我的作品你那里有些什么，开个单子给我，我会补齐的。

　　国炯到上海看病，栋臣同来，住了一个星期，没有大病，回去了。

　　别话后谈。

　　祝

好！

　　　　　　　　　　　　　　　　芾甘
　　　　　　　　　　　　　　　　六月五日

问候大家，
问候秀涓。

一九七九年八月九日

李致：

天热，我身体不好。《偷生》①找不到，我托人在香港买了一部，今天得到港友来信，说是书已寄出，收到后就给你寄去。

《在彭总身边》如还有存书，再寄一本给我。

祝

好！

芾甘
八月九日

问候大家！

---

① 《偷生》：老舍长篇小说《四世同堂》的第二部。

一九七九年八月十七日

李致：

信收到，《偷生》已寄出，想收到了。

《英雄的故事》随便给我几十本就行了。照你们的规矩办事吧，你留一半送人也好。

祝

好！

芾甘

八月十七日

问候秀涓。

问候大家。

我接到魏德芳①同志来信，盛亚②的事，你能为他们讲话时，就讲几句吧。又及。

中篇集③校样让我看一遍。

---

① 魏德芳：刘盛亚的夫人。
② 盛亚：刘盛亚（1915—1960），作家、教授，1957年被错划为右派。
③ 中篇集：《巴金中篇小说选》。

一九七九年九月十日

李致：

  照片收到。沪版《英雄故事》找出来就寄给你。书一定有，未写信只是因为我太忙。

  川版《英雄故事》不错，我看印十万册就够了，留点纸张印别的罢。

  《近作》也印得差不多了。

  祝

好！

芾甘
九月十日

问候大妈和大家。

问候秀涓。

一九七九年九月二十五日

李致：

信收到（两信），我忙，来找的人不少，拿起笔常有人来，连信也写不成。

刘盛亚追悼会，我明天找文联打电话去，请代送花圈。我尚未得到通知。

你要编书，《怀念》编一本，倒是可以的。但《谈创作》不行，这已编在《选集》里。《创作回忆录》还未写完，明年写完将由三联书店出版。

纪念老舍的文章没有时间写，到十一月看吧。我的病一直未好。下月初去北京。

　　祝
好！

芾甘

九月二十五日

罗淑照片我没有。手边只有她写给我的几封信。

一九八〇年一月六日

李致：

寄上《怀念老舍》的剪报。

《随想录》尚无消息。

托你转给天裔的书送去没有？

祝

好！

芾甘

一月六日

一九八〇年一月十日

李致：

其芳①选集二、三都收到，很高兴，各方面都好，向你们出版社的同志表示感谢和祝贺。但有一点美中不足的地方，现在指出来，希望在以后的工作中对自己的要求更严格。

第三卷中署名"季方"的那封信（见手迹）是一九四六年在重庆寄出的，不是一九五二年。你们倘使翻看一下《还乡杂记》的后记，就明白了。《还乡杂记》的补抄稿是一九四六年作者从重庆寄给我的。请注意。

祝
好！

巴甘
一月十日

---

① 其芳：何其芳（1912—1977），作家、诗人、文艺理论家。四川人民出版社1979年出版《何其芳选集》三卷本。

一九八〇年一月二十八日

李致：

　　《随想录》第一集已出版，样本日内可到，即寄你。
　　《爝火集》后记和附记剪报一份随信寄出。现在只差《往事与随想》后记二了。这书据说两周内也可以印出。
　　祝
好！

芾甘
一月二十八日

一九八〇年二月二十九日

李致：

信收到，我也很忙，疲劳不堪。需要休息都得不到休息。发表了《镜子》①，也起不了作用。以后争取做到劳逸结合。

先谈几篇文章：

1. 《关于〈神·鬼·人〉》已寄出，同《随想录》与《往事》封在一起。《往事》精装本尚未装好。

2. 《往事》后记（二）你们找人抄吧。《爝火集》至今未出，只好照《往事》版抄录。

3. 《随想三十五》随信寄去。

4. 悼曹文②与《往事》同封寄出。

5. 怀念金文③我手边也没有，只好等《爝火集》了。你去北京，不妨找人民文学出版社散文组季涤尘帮忙搞一份校样（最好再搞一份《选集》后记的清样）。

---

① 《镜子》：《随想录三十五·大镜子》。
② 悼曹文：指《一颗红心——悼念曹葆华同志》一文。
③ 怀念金文：指《怀念金仲华同志》一文。

此外，近照未寄，最好不用。《随想录》里的照片是书店找来加上去的。我只给了他们两张（即萧珊的和我在巴尔扎克墓前的那张）。

我大约廿日后赴京。小林同行。

祝

好！

芾甘
二月二十九日

问候秀涓和大家！

一九八〇年三月六日①

李致：

信收到。《大镜子》标题不用改，正文中增补的要加进去。

寄来的书收到。我二十日赴京。四月一日飞日。你如去京，不妨等我一下，我住何处，孔罗荪②知道。曹禺十八日飞美国。

祝
好！

芾甘

三月六日

问候大家！

---

① 该信曾误寄到李健吾处，李健吾转寄李致时附有手书："巴兄把给你的信装在吾的信里，可见他忙。"
② 《罗荪近作》曾出版于四川人民出版社。

一九八〇年三月十一日

李致：

九日信收到；写给你的信一定是寄到健吾那里去了。不过没有什么重要的话，用不着要回来再寄给你了。几件事已经解决。纪念金仲华的文章找不到，但底稿还在，我已找出，校改一通，直接寄给徐靖[①]了。

关于推荐书的事，等我从日本回来再谈吧。

上次我在信里讲到的"争几页篇幅"那句话（《随想三十五》）还是不要加进去为好，因为我在以后的另一则《随想》里又写了类似的句子。

现在找到一篇漏掉的短文（这是发言记录），寄给你，请补进去。

到去年为止我写的东西全给你们了。只是《选集》后记我看校样时删改了几句，《选集》出版后请你们找来对一下。

照片，我看不用了。

[①] 徐靖：时为四川人民出版社编辑。

祝
好!

            芾甘
          三月十一日

问候秀涓,问候大家!

一九八〇年三月十八日

李致：

我明天飞京，小林同行。

四月一日赴日访问，十七日回国。有些事回国后再谈吧。有两件事提一下，只是提一下罢了。由你们决定。

1. 刘盛亚的遗作①是不是可以考虑出一本，有人说《卐字旗下》可出，你们看看怎样？落实政策嘛。

2. 王辛笛托我问问他们的诗集《黎明的召唤》。我也只是传达而已。

祝

好！

芾甘

三月十八日

问候大家！

---

① 1983年四川人民出版社出版了《刘盛亚选集》。

一九八〇年五月二十五日

李致：

信收到。

中篇小说集①正文的校样我不看了。但要是收得有五本书的后记、序、跋之类，请寄给我看一遍。

《李劼人选集》我未见到。《何其芳选集》第一卷能否寄我一册？

我身体还是不大好。

祝

好！

芾甘
五月二十五日

问候秀涓！

另一信转交国煜！

---

① 中篇小说集：指《巴金中篇小说选》。

一九八〇年六月七日

李致：

《中篇选》①上册校样已挂号寄回。下册校样过了七月初就不用寄来了。我估计过了七月十日会去北京，准备出国。请你替我买《何其芳选集》二、三各一册，连前次讲的第一卷，寄一套来吧。《最后的年月》②究竟怎样？过两天寄书给你。

余后谈。

祝

好！

芾甘
六月七日

问候秀涓！

---

① 《中篇选》：指《巴金中篇小说选》。

② 《最后的年月》：丁隆炎著，四川人民出版社1980年出版。

一九八○年七月十八日*

李致:

　　信收到。我住院十二天,十四日出院,还未完全恢复健康,但烧已退尽。书只好国庆后寄出了。我月底出国。

　　你怎么对沙汀同志说我有情绪①?我的意见全写在《随想录》中,我并无情绪。

　　祝

好!

芾甘
七月十八日

问候秀涓!

我的选集出得多,不用再出。我看到八十岁再说吧。

---

① 并无此事,系误传。李致已向巴老解释清楚。

一九八〇年九月十九日

李致：

信收到。《中篇选》（上）也收到了。我前几天从北京回来，过三天又要去北京开会。身体不太好，生活忙乱，少有时间写文章，自己很着急。

书印得还不错，只是纸差一点。有两件事［对］你讲：《近作》到（二）为止，再编下去就没有人买了；选集暂时不要搞，最近北京和香港都在出选集，人文要重排《家》《春》《秋》，我正在修改。到处印旧作，反而不好。

别的话等我开完人大常委［会］回来再说。

祝

好！

芾甘
九月十九日

问候秀涓！

一九八〇年九月二十五日

李致：

　　我来京开会，三四天后回沪。一月后还要来，实在疲劳不堪。

　　《近作》（二）和《中篇选》（下）出版后望早寄来，因有人要。

　　上海电视台有人去川，想看看我们老家，拍点资料片，我要他去找你。我对电视台同志说拍资料片留着等我死后派用场，可以。我活着时用不着宣传。现在需要多写，少浪费时间。

　　祝
好！

　　　　　　　　　　　　　　芾甘

　　　　　　　　　　　　　　九月二十五日

　　问候秀涓！

　　国烺已调回，在作协资料室工作。今后可以替我整理书，我一年来买了好些书，准备送给你们一批。又及

一九八〇年十月二十二日

李致：

　　《近作》和《中篇选》上下都收到。我仍忙，身体不好。总得设法休息一两个星期。小林很称赞《海上劳工》封面。我今年活动较多，只写完了《随想录》第二集。《回忆录》还差好几篇，明年准备关门写作。来日无多，不能再浪费时间了。

　　你下次来上海，我可以送你一些书。

　　别话下次谈。替我买两本《海上劳工》。

　　祝

好！

芾甘
十月二十二日

一九八〇年十一月一日

李致：

　　春潮（或春水）①是我介绍给你们的，我还请臧仲伦校了一遍。我看可以照臧的改订稿排印。我记得寄稿前一两月曾在信中提过。关于《近作》我的看法和你的不同。《随想录》第二集《探索集》已写成编好，将在人文和香港三联出版，我不好意思让你们明年初就以《近作》的名义重印。这样做人文会有意见。

　　《屠格涅夫集》我看不用插图了，我没有时间找书。

　　电影剧本收到。你谈情况的信我却毫无印象。

　　我的身体不好，需要休息。

　　朱②的通信处下次告诉你，我只知他在武大。

　　祝

好！

芾甘
十一月一日

　　问候大家！

---

① 春潮（或春水）：指《一江春水》，［俄］屠格涅夫著，朱祖荣译，臧仲伦校，四川人民出版社1981年6月出版。

② 朱：朱祖荣，任职于武汉大学。

一九八〇年十一月十五日

李致：

　　屠氏书三册挂号寄上，制版后早日寄还。找这些书是我的事，李小林帮不了忙。这一类事我得经常处理。因此得不到休息。

　　祝

好！

芾甘
十一月十五日

问候大家。

一九八〇年十二月九日

李致：

　　信收到。希望你努力工作，我愿意支持。今天收到《中篇选》的稿酬。我说过不要稿酬，本想退回，觉得这样也不好。以后坚决不要。屠氏小说出版，不要送稿酬了，还是照从前办法，送我一点书，就行了。我在香港三联书店出版《随想录》，首先声明不要稿费。他们说第二集要付稿费，我坚决不要。倘使方便，替我买五部《中篇选》，我当汇还书款。听说你们要出版刘盛亚遗作，很好。我写字仍感吃力。

　　余后谈。祝

好！

　　　　　　　　　　　　　　　　　　芾甘

　　　　　　　　　　　　　　　　　　十二月九日

问候秀涓和大家。

一九八〇年十二月十九日

李致：

《屠氏集》三册收到。还有三事同你谈谈。

一、人民文学出版社方殷来，他们要出回忆录丛书，有臧克家[①]的一本，说是已给了四川人民出版社，希望你们能让给他们，请你们考虑。

二、那天叫小祝去取你们寄来的稿费，问银行是否扣除所得税，银行说应当由你们扣除。我现在问你，如未扣除，就算出来由你们代交，我汇还。

三、以后出书，不用寄稿费给我。我不要。

祝

好！

芾甘

十二月十九日

问候秀涓！

[①] 臧克家（1905—2004）：诗人、作家、编辑家。臧克家的自传体回忆录《诗与生活》由四川人民出版社1981年10月出版。

一九八〇年十二月二十八日

李致：

信收到。

《近作》（三）[①]可以给你，但必须在下半年出版，早了不行。内容有《随想录》二十五篇，《回忆录》[②]五篇，讲稿两篇，其他序文、后记、短文几篇，今年的文章全在这里了。《回忆录》刚写完，估计最快也要明年四五月出书，所以我说"早了不行"。

长篇以后再说，也许拿不出来，也许明年写不了，也许写了不能出。

书五套收到，你未开发票，不要钱了？我送几本书给你，寄上了。

《家》《春》《秋》刚校改完毕。

明年不出国了，三个地方请我去，我已道谢，身体吃不消，需要休养。

---

① 《近作》（三）：指《探索与回忆》，四川人民出版社1982年4月出版。
② 《回忆录》：指《创作回忆录》，香港三联书店1981年9月出版。

别话再谈。祝

好！

　　　　　　　　　　　　　芾甘
　　　　　　　　　十二月二十八夜

问候秀涓和大家！

一九八一年一月十四日

李致：

信收到。书已寄上。

现在谈两件事：

一、《王尔德童话》可以给你们。但九篇中还有三篇需要校改，我想旧历年前可以改完，改好即将全稿寄给你。

二、九姑妈要你买点花椒或花椒面寄来。我们需要它。

祝

好！

芾甘

一月十四日

问候大家！

还要点辣椒面！

一九八一年一月二十二日

李致：

信收到。我最近又患感冒，身体还是不好。但决定休息一两个月，文章暂时不写了。

萧、张两信退还。对肖你可去信问他：我的文集他还缺几本？我前年寄过一些去，虽然不能补全，但总还可以再补几本寄去。对张你不妨回信说，我可以读一遍她的手稿，但不会提什么意见，我只能注明与事实不符的地方（倘使有的话），我去年读过她一篇文章，就是这样做的。我绝不会发表自己的意见，因为我目前没有时间和精力认真考虑。我通过《随想录》在思考。

我所有的旧作（除了在人民文学出版社出版者外）都不取稿费，《王尔德童话集》也不要。我反对搞"巴金奖金"。我看有两个用途，一、作为你社职工福利，二、不然就捐赠四川作协作创作基金（不用我的名义）。我最近建议在北京创办一个中国现代文学馆，倘使办起来，我今后全部稿费都赠给这个资料馆。此外我还有一件心事：为你们姐弟和下一代办个小图书室，书我这里很多，寄费也有，你们慢慢安排怎样保管。

《近作》（三）中的主要稿件是两本小书，我手边还无全稿，《随想录》（二）将在人文先出，我已看过校样。过些天我倘使能要到清样就给你寄去。

　《王尔德童话集》英文插图本有两种，德文本一时找不到了。不过德文本的锌版插图可用我送你的《快乐王子集》复制。如两种英文本的插图都用，我就在《再记》中加一句话。

　祝
好！

芾甘

一月二十二日

一九八一年二月二十三日

李致：

　　信收到。怎么你也成了病人了？想得开，很好！但要认真对待病，要做到劳逸结合，真正休息。我自己就没有做到，现在还在争取休息。据医生说我有"隐冠"，离冠心病不远了。这种说法，对我争取休息有好处。

　　现在谈几件事：

　　一、稿费问题就照你所说用来帮助作者吧。设立奖金我不赞成。我反对用我的名字。

　　二、三本英文书在图片制版后寄还给我。

　　三、好几个月前我介绍武汉大学朱祖荣翻译的一部《春水》给你们，译稿请北大臧仲伦校改过。你们是否接受，请告诉我。

　　保重身体。祝

好！

芾甘
二月二十三日

一九八一年三月三日

李致：

　　信收到。好好地疗养吧。看书也要有节制，你和我不同，千万不要把身体累垮。我的身体不好，做工作有困难。但多活两年，当容易办到。说争取休息，因为公事推掉，私事跟着就来。熟人来找总得应付一下。

　　送萧泽宽[①]的书找出来就寄去。虽然不全，总可找出几本。

　　别的事不谈了。《一江春水》译稿你们如接受，请在版权页上说明校订者：臧仲伦，稿费中抽出百分之二十给臧作校订费。译者朱祖荣在武汉，地址如下：

　　武汉市武昌珞珈山七区十八号。

　　祝

好！

芾甘
三月三日

问候秀涓。

---

① 萧泽宽（1917—2003）：曾任中共重庆市委组织部部长、北京市委组织部部长等职。

一九八一年三月十四日

李致：

　　信收到。萧泽宽要的书已寄去四册。《随想录》三十五以后的找起来麻烦，估计四月底可以出书，还是寄书给你吧。《创作回忆录》可能要拖到下半年。上半年还要为花城出版社编一本《序跋集》①，《人民日报》的姜德明同志给我帮忙。

　　现在我非常需要休息。寄一篇最近写的随想给你看看。望你安心养病。

　　祝

好！

芾甘

三月十四日

问候秀涓！

---

① 《序跋集》由花城出版社1982年3月出版。

一九八一年三月二十二日

李致：

　　信收到。王尔德书三册并未收到，你说已寄出，可能听错了。书慢点寄还，不要紧。我需要在《再记》中说明另一画家的名字，要看其中的一本书。

　　我的健康仍未恢复，下月初拟去杭州休息一个星期。

　　你的身体怎样？多多注意。

　　祝

好！

芾甘

三月二十二日

一九八一年三月二十七日

李致：

信收到。我的身体仍然不好，主要原因还是得不到休息。

你的信只要我在上海，都会看到。但因写字困难，回答时可能漏掉一些。

文艺编室来信要我介绍文生社[①]出的旧作给你们选印。我记得写了回信，直接寄去，说旧作可出的已由原作者交给别处重版，剩下的不便重印（广东人民出版社选印了一批）。你们想出旧作，就多编印几种文集吧（我看可以先给沙汀、艾芜出文集）。

三本英文书收到了。《童话集》最后增加一句说明，你把另一张字条转给编辑同志。

我四月一日去杭州休息，十日左右可能到北京出席中篇评奖会。

---

① 文生社：文化生活出版社。1935年5月由巴金等创办于上海，1954年并入新文艺出版社（现上海文艺出版社）。

祝

好!

苇甘

三月二十七日

问候秀涓!

一九八一年四月二十九日

李致：

　　信收到，我身体还是不好。手边还有些事情。《近作》（三）一时无法编辑，首先要等《探索集》和《创作回忆录》的出版，那两本小书出不了，我哪里来的底稿？我比你更急，但有什么办法？目前我在编一本《序跋集》（为花城出版社），国烩帮忙我抄写。成都税局来信问《中短篇》和《近作》（二）的所得税，我叫国烩回信说头一部的税我付，应缴若干，得到通知后即汇去。后一部的税由你们缴，你嘱咐财务补缴吧。九月内我可能出国开会。不然你来上海可以挑一批书带回四川。你也得经常注意身体，不能过劳。

　　祝
好！

芾甘
四月二十九日

　　问候秀涓！

一九八一年五月三日

李致：

信收到。《散文诗》明年给你们。我只改了几首。选集设想稿退还，我提出了三个名字，供参考。

　　祝
好！

　　　　　　　　　　　　巴金
　　　　　　　　　　　　五月三日

问候秀涓。

屠氏中短篇什么时候印出来？

外一信请转给李舒。又及

一九八一年五月十七日

李致：

　　信收到。你们出《曹禺全集》，我当然赞成，计划不错。我只有一个意见：校对要注意，错字越少越好。出沙汀、艾芜二选集也很好。好好地工作，读者不会忘记你们。《随想录》第二集样本来了，先寄上一册精装，等书到后，再抽出《随想》二十五篇给编辑部寄去。九姑妈要辣椒面，你快找人寄点来。
　　祝
好！

芾甘
五月十七日

　　问候秀涓。

一九八一年六月十四日

李致：

信收到。我身体还是不好，写字仍然很吃力，杂事又多，无法经常写信。最近还在为广东花城出版社编一本《序跋集》，相当费力。《屠格涅夫散文诗》我要全部校改一遍，你们不必急。我也很想早出书，但总想改得好一些。屠氏中短篇寄百册给我，我拿来送人，此外再不要什么。我即使出国，也不带这书出去。我说"即使"，因为今年去法国里昂出席世界笔会，我还在考虑，要是身体不好，就不去了。《悬崖》是节本，法译本不到一半，英译本大约只有三分之二。托钱铃[①]同志带来的东西收到。出版黎烈文[②]的翻译，应当征得他家属的同意。我向他的夫人索取黎译《红与黑》，尚未寄来，如译得比罗玉君好，倒可重印。以后再说吧。问候秀涓。

---

① 钱铃：时为四川少年儿童出版社总编辑。
② 黎烈文（1904—1972）：作家、翻译家、教育家。1947年后任台湾大学教授。

祝

好!

　　　　　　　　　芾甘

　　　　　　　六月十四日

　　济生不久要去成都组稿。高一萍①回国探亲也要去成都看朋友，可能迟一些。丁磐石②到过我家，不巧我出去了。

---

① 高一萍：巴金友人，定居美国。
② 丁磐石（1927—2017）：丁秀涓堂弟。

一九八一年六月二十二日

李致：

　　信收到。你要我同家宝合拍的照片，我找了半天，没有找到。后来想，我那些照片都是家宝找人来照的，还是他转给我的。不理想，将就点吧。以后见到他时，约他同照几张新的也行。小弥的信已转寄北京。我如健康不更坏，九月可去里昂开会。我以前寄给你的《地上的一角》和《鱼儿坳》请即寄回，作协资料室要搞罗淑的资料。高一萍已同小弥去北京，说是两周后去四川。我想问你：上次介绍的《春水》，是不是要出？我还想介绍项星耀①翻译的赫尔岑的回忆录给你们，他比我多译了一本。我看出两种译本也可以。我事情多，译得慢，让别人先出也好，我还可以为他的译本写序。而且可以找个人（如臧仲伦）校一遍。你们考虑后给我一个回答。

---

① 项星耀（1924—1997）：翻译家。时任教于福建师范大学。

祝

好!

芾甘
六月二十二日

问候秀涓。

一九八一年七月六日

李致：

信收到。未写信只因我事情太多。你的信看后也不知放到哪里去了。但事情还不会忘记。现在简单地谈一谈。

一、《春水》出版，稿费寄武大朱祖荣，如未联系，可先联系一下，不知他的地址有无变动。稿费中抽出百分之二十作校对费，寄给北大臧仲伦。

二、关于项译赫尔岑回忆录出版的事，你们多考虑不要紧。

三、屠氏散文诗我必须校一遍才给你们。

四、《近作》（三）稿件，除《探索集》已寄上，《创作回忆录》（共有六篇）俟印出后即寄去外，只有几篇短稿，你们自己搜集一下吧。有这样几篇：（1）去年四月份《人民文学》发表的短篇评奖会讲话；（2）去年《文艺报》第十期上刊出的《多鼓励，少干涉》；（3）香港昭明版《巴金选集》后记，这书你有。另外寄给你两篇。

五、替我买几本书，书款由我寄还。杨苡要的书直接寄南京，书款由我汇还。

六、烈文的书我尚未收到，出版事我已去信问他的夫人。

祝

好！

芾甘

七月六日

问候秀涓。

一九八一年七月二十四日

李致：

二十一日来信收到，以前的信也看过了。简单地答复如下：

1. 《灭亡》《怀念》等书一时不要重印。

2. 《近作》（三），不印也行。如一定要印，也可以另起书名，像你说的那样，但由你们起名。这不是我自己编的，你们起名吧。

3. 《寒夜》精装可能没有，如找到当寄给你。你来上海，可以送你一些书。估计九月初将去北京。

4. 照片是以后的事，我根本无法清理。外文出版社来要照片，我还无法应付。

5. 《创作回忆录》北京、香港两处都要出，估计香港快要出了。如得到，当先寄给你。

文章读过了。

祝

好！

芾甘

七月二十四日

问候秀涓。

一九八一年七月二十五日

李致：

寄上四篇序文，《近作》（三）的稿子齐了，只等五篇回忆录和一篇《文学生活五十年》（附印在回忆录后面）。我想不会久等的。托你买书的信看到没有？

赵清阁①托我问你，一位蒋同志②联系，阳翰老③曾介绍她的《红楼梦》话剧本给你们，说是今年第一季度发稿，至今未见落实。究竟怎样？

芾甘
七月二十五日

---

① 赵清阁（1914—1999）：作家、编辑家、画家。

② 蒋同志：指蒋牧丛，时为四川人民出版社编辑。

③ 阳翰老：即阳翰笙（1902—1993），也称翰老。作家、电影文学家、戏剧家。

一九八一年八月二日

李致：

信收到。我六日去莫干山，十六日返沪。九月十日左右去北京，二十日后飞法国，十月初回来。你如来上海找我，最好在八月二十到九月十日的这段时间。

《近作》（三）改称《探索与回忆》可以，但要注明"巴金近作（三）"。

余面谈，这次可以送你一些书。你来挑选。

　　祝

好！

芾甘

八月二日

问候秀涓。

徐志摩①、胡也频②两位的诗集，我还要一份，寄来的一份朋友拿走了。你再为我找一份，自己带来。又及。

---

① 徐志摩（1897—1931）：诗人、作家。
② 胡也频（1903—1931）：作家，左联五烈士（胡也频、柔石、殷夫、冯铿、李伟森）之一。

一九八一年八月五日

李致：

我忽然发觉忘记把《靳以文集》后记寄给你，现在寄出。其余六篇都在《回忆录》内，下月可能给你寄去。我明天去莫干山，十六日回来。

祝

好！

芾甘
八月五日

问候秀涓。

一九八一年八月十九日

李致：

　　信收到。我等你来。希望给我们带点花椒面（或花椒）来。如能再带来点永川豆豉，那就更好。我可能在九月十日前去京，但不会早过五日。余面谈。
　　祝
好！

　　　　　　　　　　　　　　　　　　芾甘
　　　　　　　　　　　　　　　　　　八月十九日

　　问候秀涓！

一九八一年十月二十一日

李致：

二十日来信收到。我在京住了八天，相当疲劳。回来不当心，患了感冒，身体不太好。有三件事同你谈谈：

1. 《选集》我想再加两册，即第九卷《新声集》，编选解放后的短篇小说和散文；第十卷《谈自己》，收《童年的回忆》《谈自己的创作》《创作回忆录》三部分。《选集》稿费全部捐赠现代文学馆。明年交稿，后年出齐。

2. 《近作》（三）可以把今年写的文章收进去，即《随想录》收到"七十二"，另加中篇评奖会上的书面发言，稿费捐赠文学馆。

3. 编《黑桃皇后及其他》可以把我的《怀念萧珊》收入，作为代序。全书稿费和中短篇集一样由你们处理，但要求送我样书若干册。

如何决定，返川后回我一信。

祝

好！

　　　　　　　　　芾甘
　　　　　十月二十一日

　　"书面发言"发表在《人民日报》（五月）和《文艺报》上，随想七十二《怀念鲁迅先生》发表在本年《收获》第五期上，如找不到，我可以寄给你们。

一九八一年十一月四日

李致：

　　看到出版社寄来的样书，封面还不错，但小林她们都说不如《海上劳工》。我认为安徽出版的《傅雷译文集》封面和装帧都很好，你们不妨向安徽学习。《选集》第四卷（《雾·雨·电》）改订稿已给你寄去（航邮），封内还有一篇《文学生活五十年》，是这部选集的代序，印在第一卷《家》的开头。五、六卷我还要校一遍。我正在编第七卷《短篇小说选》，过几天即可寄出。我大约在二十日前后去北京开会。请你给我买点豆豉，交国炯带来。余后谈。祝
好！

芾甘
十一月四日

问候秀涓。

一九八一年十一月八日

李致：

信收到。我的感冒尚未痊愈。出书要注意校对，错字越少越好。

《选集》十卷我都要看过一遍。第四卷和第七卷改订本以及第一卷前面的《代序》都已交航邮寄去。现在动手在编第八卷《散文选》，打算明年年初编好十卷，然后把五、六两卷再看一遍。最后写篇《跋》印在十卷卷末。

不要忘记叫国炯带点豆豉和乳腐来。我大约二十号前后赴京。

祝
好！

芾甘

十一月八日

《黑桃皇后及其他》这个书名，不如《别尔金小说及其他》好。

问候秀涓。又及。

一九八一年十一月十五日

李致：

信收到。三姐带来的东西也收到了，你代我谢谢你三个姐姐。

人大常委开会我请假，因此我要到月底才去北京。我忘记告诉你一件事：我在巴黎凤凰书店见到四川出的书，在瑞士也有四川的书。瑞士朋友说，日内瓦的书店里，买得到。这样你们在编辑校对方面更应当注意。明天我将用航邮寄去《选集》第八卷《散文随笔选》全部改订稿。第九、第十两卷明年年初可以编好。我唯一的要求就是少错字。最近在《文艺报》上发表的笔会上讲话不收入《近作》，因为这是代表团起的稿，我并未增改什么。《近作》国外读者不少，因此，编辑上也要注意。

祝

好！

芾甘

十一月十五日

问候秀涓。

一九八一年十一月十九日

李致：

　　信收到。我要去京出席人代会，但不参加常委会了，我请了假。因此离沪的时间推迟了。《咀华集》[①]宁夏要出，健吾已把改订稿给了采臣，我要他（他在上海）将来寄给你校样，你找他吧。还有一件事：人文改排本《家》已出版，我给他们的改订稿中漏去七七年的《重印后记》。但给你们的书中有这后记。在《选集》第一卷中这篇后记还是要的，只是现在必须删去最后两段，即"以英明领袖为首的……"句子。《选集》第八卷已编好寄出，我现在在校读第六卷，因人文要出《寒夜》，文集我不让印了。最近我想用全力编好十卷《选集》。但我希望你们明年先出齐曹禺的十卷集。我的缓一点，慢一点不要紧。还有靳以的书先出一两本也好。余后谈。

---

① 　《咀华集》：1983年宁夏人民出版社出版了李健吾的《李健吾文学评论选》，书中后记写道："收的大多是《咀华集》三种版本的全部文字。"

祝
好!

　　　　　　　　　　　　芾甘
　　　　　　　　　　十一月十九日

问候秀涓。

一九八一年十一月二十二日

李致：

信收到，我大约二十八日赴京。你问的两件事，回答如下：

一、萧珊译文第二册就用《普希金短篇小说集》吧，我已把目录修改寄还了。

二、《龙门阵》发表我纪念丰子恺①的文章，我同意。但请他们不要付稿费。

我最近校阅了《寒夜》，正在看《第四病室》。《中篇选》中错字并不多。

祝

好！

巴金

十一月二十二日

---

① 丰子恺（1898—1975）：漫画家、散文家、翻译家。

一九八一年十一月三十日

李致：

　　二十三日信由上海转来。我二十七日到京，住在北京丰台路京丰宾馆九〇四号，大约住到十二月十四日，以后换地方再住几天。

　　《爱情三部曲》印单行本我不同意，一年前吧人文要印单行本，我拒绝了。《憩园》印单行本我不反对。我正在校阅这本书。

　　别的下次谈。祝
好！

　　　　　　　　　　　　　　　芾甘
　　　　　　　　　　　　十一月三十日

　　问候秀涓和大家。

一九八二年一月十四日

李致：

　　信收到。《快乐王子集》样书也看到了，希望早把赠书寄来。我上月二十四日从北京回来，身体一直不大好，杂事又多，因此未给你写信。

　　《选集》九、十卷在编选中。

　　《探索集》已由人文印出来了。《随想》第三集准备今年上半年编成。

　　祝

好！

　　　　　　　　　　　　　　　芾甘

　　　　　　　　　　　　　　　一月十四日

　　问候秀涓和大家。

　　你决定不做"出版商"，很好！但要小心，不能做"出版官"啊！又及

一九八二年一月二十日

李致：

　　信收到。《近作》（三）目录改正寄回，我看不会有遗漏了，《怀念鲁迅先生》是去年写的《随想录》的最后一篇，在《大公报》发表时，他们替我删去了三段，但《收获》发表的是全文。《随想录》还有两篇，刚写成，这是下一本的事，不必管它。

　　祝
好！

芾甘
一月二十日

　　还有一篇《光明日报》本年元旦发表的《向中青年作家致意》，等我过两天找出来修改后寄给你们。又及

一九八二年一月二十二日

李致：

　　前信想已收到。所说的那篇短文已经找出，改了几个字，现在寄给你，请编入《近作》（三）。稿齐了。

　　《近作》（三）的稿费就照我某一信中所说，捐赠给中国现代文学馆。

　　祝
春节愉快！

芾甘
一月二十二日

问候秀涓，问候大家！

一九八二年一月二十三日[*]

李致:

二十日来信收到。

前言补寄一份,用完请退还原稿,不要忘记。

祝

好!

芾甘
一月二十三日

一九八二年一月二十四日*

李致：

　　另信请转少儿社①。《近作》（三）。缺的两短篇已经补上。胡画集前言②其实我已寄过剪报给你了。这次多的原稿用后一定寄还。

　　如可能再给我们寄点花椒和豆豉来。

　　祝

好！

　　　　　　　　　　　　　　　　　　芾甘

　　　　　　　　　　　　　　　　一月二十四日

---

① 少儿社：指四川少年儿童出版社。

② 胡画集前言：指巴金为胡絜青画册作的前言。

附

致少儿社的信

你们编选、出版我那些旧作，我同意。书名由你们决定吧。我不要增补什么。只是那几篇文章我们打算编在《选集》第十卷中，需要校改一遍，这工作两个月内可以做好。

此致

编辑同志！

巴金
一月二十四日

《祝福》原稿已经校阅，编入《选集》第八卷了。敬礼！

又及

一九八二年一月三十日

李致：

两信都收到。

关于两件事情，我的答复是：

一、那两个字是涂掉了的。

二、日期是八一年十二月。

还有几件事：

一、《红与黑》等书收到。

二、《选集》最后两卷二、三月交稿。

三、《快乐王子集》寄一百五十册来，我可以付购书费。

余后谈。祝

好！

芾甘
一月三十日

问候秀涓。

一九八二年二月九日

李致：

　　信收到。豆豉等也送到了。送东西来的人没有进来坐坐，因此我未见到，无法致谢。最近我又患感冒，身体不好，但工作未停。《选集》九卷已编成。昨天航挂寄出。今天开始编十卷，本周内可以编好，还要写篇后记，就"大功告成"了。我年纪大了，工作做得快，就不免草率，你收到九卷原稿后，请核对一下看有无遗漏。还有，请把《随想录选》中一篇"附录"《我和文学》抽出来，留着放在十卷的最后（我会在第十卷目录中安排好）。《红与黑》收到了。别话后谈。

　　祝
好！

芾甘
二月九日

　　问候秀涓和大家。

一九八二年二月十一日

李致：

今天早晨用航挂邮件寄去《选集》第十卷原稿，请你替我核对一下，看有没有遗漏或错误，因为我自己的工作有些草率。

上次信中说过：从九卷原稿中抽去《我和文学》。现在请你们把这篇文章编在十卷卷末，作为本卷的附录。

还差一篇《选集》的后记，我正在写，不久可以寄出。

今天寄出的原稿中，《回忆录》这部分内差一篇《关于〈寒夜〉》。我知道《近作》（三）里面有这篇文章，请你们复印一份补上吧。

《快乐王子集》邮件领取单已送来，共八件，还要等小棠、小祝他们去取书。

祝
好！

芾甘

二月十一日

一九八二年二月十二日

李致：

有两件事找你代办：

一、给我找三本或四本《中篇小说选》[①]上册寄来，我可以寄还书款。我目前需要上册。

二、短稿一篇，请补入《近作》（三），排在《向中青年作家致意》前面。以后再没有可补的了。今年写了四五篇随想，不编进去。

《选集》十卷稿已寄出。后记在写作中，一周后或可寄上。我身体仍不好，感冒未愈。

祝
好！

芾甘
二月十二日

问候秀涓和大家。

《快乐王子集》今天可以取到。

[①] 《中篇小说选》：指《巴金中篇小说选》。

一九八二年二月十五日

李致：

　　《后记》写好寄上，请复印一份后把原稿退给我，我打算寄给《读书》，他们要发表它。

　　《快乐王子集》收到。《再记》中讲到的插图未用，只好算了。

　　祝

好！

芾甘
二月十五夜

问候秀涓和大家。

一九八二年二月二十日*

李致:

随想三则寄上。

照片和手稿过两天寄出。

          芾廿

        二月二十日

一九八二年二月二十二日

李致：

　　手稿和照片寄上，请保存，用后早日寄还。特别是照片。

　　这些东西我都要送给资料馆①。照片不一定全用，不用的先还给我。照片安排由你们决定。手稿我安排了，但用哪一张，或两张都用，请你们决定吧。

　　祝
好！

　　　　　　　　　　　　　　　芾甘
　　　　　　　　　　　　二月二十二日

　　问候秀涓和大家。

---

① 资料馆：指中国现代文学馆。

一九八二年二月二十七日

李致：

  我身体不好。本来有人要我去日本开会，我推掉了，我需要在家休息和锻炼。打算四月中去杭州休息一星期。五月份你来上海，我在家。

芾甘
二月二十七日

一九八二年三月七日

李致：

五日来信收到。先回答两个问题：

一、《鬼》是一九三五年在横滨写的。

二、《忆个旧》是一九六〇年五月初在杭州写的。

此外，黄源托我办一件事，我把他的信转给你，我不表示意见，你"公事公办"吧。

祝

好！

芾甘

三月七日

问候秀涓和大家。

一九八二年三月十五日

李致：

收到你们寄来的屠氏集稿酬四百多元。以后不要再给我寄稿费了。今后所有我的著译的稿酬，新出的书如《回忆与探索》和十卷本《选集》的全部稿费一律赠现代文学馆，已出各书如有再版的机会，稿费也送给文学馆（萧珊的译著也包括在内）。以后请一定照办。

我身体仍不好，下月中旬去杭州休息。五月我在上海，你来时给我带点花生酥来，九姑妈要花椒油。

  祝
好！

芾甘
三月十五日

问候秀涓和大家。

一九八二年四月十六日

李致：

信都收到。我十九日去杭州，小林同行，三十日回上海。

花生酥收到了。你五月来上海，给我带六本屠氏集来。《近作》（三）如印出，也要几本。

人文要重印《爱情三部曲》，来信征求意见，我已拒绝，我说该书在四川也不另印单行本。

《近作》（三）的稿酬也捐赠资料馆，请直接汇寄"北京沙滩中国作家协会巴金"，注明"供文学馆专用"。这是文学馆筹委会的意思。

祝
好！

芾甘

四月十六日

一九八二年六月一日

李致：

　　信书都收到，我满意。另一信请转交你社杨莆[①]同志。我生的囊肿两周前化脓，施了小手术，隔一天换一次药，已渐好。你不用为我担心，你得注意自己的健康。替我问候大家。

　　祝

好！

芾甘
六月一日

秀涓均此。

[①] 杨莆：笔名木斧，诗人。时为四川人民出版社编辑。

一九八二年六月五日*

李致：

　　寄上一篇随想给你看看，也许可以供你参考。

　　你打电话问小林对于张著出版的意见。我的意见是："既然你们决定接受，就照原计划进行吧。"我给杨莘同志的回信想已转交给他了。我对该书的看法上次已对你谈过，并未改变。其他的事不必管。

　　祝
好！

　　　　　　　　　　　　　　　　　芾甘
　　　　　　　　　　　　　　　　　六月五日

问候秀涓和大家！

一九八二年六月二十二日

李致：

这封信讲两件事：

一、家宝说，他的小女儿万欢要去成都旅行，他写了介绍信，万欢如去找你，望你给她解决住处。

二、杨苡要买两本书，望你代购，托出版社寄去，书款由我还给你。

照片找到寄给你。

祝

好！

芾甘
二十二日

问候秀涓和大家。

一九八二年六月二十五日

李致：

家宝已开始在上海重写《桥》，需要四川（特别是重庆）哥老会的材料，请你给他找一点寄去。

还有，从前成都出版的《蜀籁》①能为他找到一本吗？

祝

好！

芾甘

六月二十五日

《探索与回忆》能给我再寄八册来吗？

又及

---

① 《蜀籁》：民国时期四川遂宁人唐枢（林皋）撰写的一本语言学专著，搜集有四川方言词语及熟语五千余条，1930年石印问世。四川人民出版社1982年重新出版。

一九八二年七月二日

李致：

　　信悉，我写字仍吃力。照片等一包李舒已交来。辞典已买到，托李舒给你寄去。另外送你一册《死魂灵百图》①，由他带给你。

　　你要好好保护眼睛。

　　祝

好！

芾甘
七月二日

问候秀涓！

李舒今天动身去京。　　　　　　　　　　　又及

---

① 《死魂灵百图》：俄国阿庚和培尔特斯基为果戈理的长篇小说《死魂灵》绘刻的插图。1936年4月鲁迅自费翻印出版。

一九八二年七月十八日

李致：

　　有人翻译了一本小说《暗店街》（当代法国作家的作品），要我介绍给你们出版社。现在把译者送来的材料转寄你们，请你们考虑决定，公事公办。我照你们的意思回答译者。

　　我的疮已治好，但身体还是不好，需要休息，更需要锻炼。

　　补寄的照片收到。

　　别的话下次谈。

　　祝

好！

芾甘

七月十八日

　　问候秀涓和大家。

　　花城出版的《序跋集》装帧不错，可参考。又及

转来王韦①同志寄赠的徐攀②的照片和有关材料都收到,请代我谢谢她。我翻了一下材料,也很难过。再及

---

① 王韦:公安部离休干部。
② 徐攀:王韦的女儿,北京大学学生。1982年病逝。

一九八二年七月二十日

李致：

昨天寄上一信，想已收到。

有一件事要提醒你：《探索与回忆》的稿费我已捐赠给现代文学馆，不知你们汇去没有？汇款地址如下：

北京沙滩二号 中国作家协会 巴金

小林有一信给你。

祝

好！

芾甘

七月二十日

任白戈①同志去青岛过上海，今天上午来我家谈了一阵。

问候秀涓和大家。又及

---

① 任白戈（1906—1986），时为四川省政协主席。曾任中共重庆市委书记、重庆市市长等职。

一九八二年七月二十一日

李致：

今天上午寄出一信，下午就收到中国现代文学馆筹委会来信，说《探索与回忆》稿费1590.50元汇到北京了。所以再发一信告知你，并向出版社的同志们表示谢意。《选集》的稿费以后仍请寄北京。《黑桃皇后及其他》就不要稿费了。

祝

好！

芾甘
七月二十一日

问候秀涓和大家！

一九八二年七月三十一日

李致：

  现在把复印的信和明信片[①]寄给你，收到后给我一信。《序跋集》已寄出，日内当可收到。

芾甘
七月三十一日

---

① 指巴金的大哥李尧枚于20世纪20年代写给巴金的信和明信片。

一九八二年八月七日

李致：

我身体还是不好，杂事多，很感疲劳。正在看《论创作》的校样。随想寄上二则，以后再寄。目前没有时间写文章。
　　祝
好！

　　　　　　　　　　　　　　　芾甘
　　　　　　　　　　　　　　　八月七日

问候秀涓。

一九八二年八月十九日

李致:

张乐平①来,要我告诉你两件事:

一、他要去昆明开画展,九月中将去成都,届时会去找你。

二、他打算把《三毛从军记》修订后交给四川出版。

我还好。小棠有事到广西去了。

祝

好!

芾甘

八月十九日

问候秀涓和大家。

---

① 张乐平(1910—1992):漫画家,漫画"三毛"形象的创作者。

一九八二年八月二十八日

李致:

　　信收到。报社同志来找我,只要不超过两小时是可以同意的。
　　我身体不好,坐久了吃不消。
　　祝
好!

　　　　　　　　　　　　　　　　　　芾甘
　　　　　　　　　　　　　　　　八月二十八日

问候秀涓和大家!

一九八二年九月二十日

李致：

　　信收到。我写字太吃力，因此《随想录》也不能多写了，你要看，就只有这么两篇。以后大约每月一篇吧。

　　下月小林他们来，可以告诉你我的近况。

　　我明年或可返川，但现在不能决定，主要看今年冬天过得怎样。

　　再寄五本《探索与回忆》给我。

　　祝

好！

　　　　　　　　　　　　　　　　　　芾甘

　　　　　　　　　　　　　　　　九月二十日

问候秀涓和大家！

一九八二年十月二十九日

李致：

《原野》收到。小林回来，谈到一些情况。我的意见是：工作有成绩应当更虚心，不要讲人文"垄断"的话。庆祝三十年，我不讲什么，我是真心支持你们的，用不着讲空话，做表面文章。我写字十分困难，我对别人题字没有好感，自己不愿意来那一套。

请告国煜、国炜，她们给我的信都收到，谢谢他们的关心，我不另给他们写信了，我也想念他们。

寄一本《原野》给杨苡，一本给国炯，《曹禺戏剧集》出版，给国炯一套，书款我会寄还给你。

《探索集》过两天寄给你。

祝
好！

芾甘

十月二十九日

问候秀涓！

一九八三年五月二十八日

李致：

信收到，我出院回家，病并未治好，精神差，不能工作。写字也困难：手抖。

李国平信看过，我同意你的看法，你代我写封回信吧，说我生病已久，不能满足他的需求（你如有新的意见，我也可以改变主张）。

书收到。

祝

好！

芾甘

五月二十八日

问候秀涓和大家。

一九八三年六月二十一日

李致：

十八日信收到。

《奔腾激流》[1]看过，只能说是替我树碑立传，我总觉得缺少点血肉。有一个镜头必须取消：毛主席接见的画面，画得不好，那些话也非主席原话。作为保留节目也可以，但希望随时作些补充。

《雾·雨·电》印单行本，去年初人文提过，我不同意，他们虽已发过征订目录，也就作罢了。我看他们不会出单行本，我也不主张四川印单行本。

陈沂[2]要《选集》还是由你寄去吧。我对他说过你们送，我就不送了。

我身体不好，行动不便，写字吃力，不写了。

沈、郁文集[3]共四册已寄出。

---

[1] 《奔腾激流》：应为《奔腾的激流》，四川电视台所拍关于巴金的专题片。

[2] 陈沂（1912—2002）：曾任中共上海市委副书记兼宣传部部长，时任上海市人大常委会副主任。

[3] 沈、郁文集：指沈从文和郁达夫的文集。

祝

好！

          苇甘

         六月二十一日

问候秀涓和大家。

一九八三年七月十一日

李致：

　　上海电视台周济、祁鸣二位同志，来蓉工作，介绍她们来看你，请多帮忙。

　　托祁鸣同志带给你《寒夜》《真话集》共八册。

　　祝

好！

芾甘
七月十一日

附文件两份。

一九八三年八月四日

李致：

　　书在查，我看不会掉。即使遗失，还可设法补齐。遗址①事，我问过济生，他说不会是英领馆②。照我的意思，以后不用提了。只要双眼井③在，我回川还可以找到旧时的脚印。你不用吃咸菜。要是我不能回川，我就请你来上海，你买飞机票，实报实销吧。

　　文章两篇寄给你，但不用给别人看。

　　我已见到李斧。

---

① 遗址：指位于成都正通顺街的巴金故居所在地，又称李家大院。20世纪60年代，这所院子成为成都军区战旗歌舞团驻地的一部分，1971年被拆除。

② 英领馆：指1844年设立的、位于成都锦江区东大街的原英国驻成都领事馆。

③ 双眼井：位于成都正通顺街，原为新开寺之古井，据形制推断约凿于宋代，井北侧为巴金故居。1994年5月7日双眼井被公布为区级文物保护单位。

祝

好!

芾甘
四日

问候秀涓和大家。

一九八三年八月十九日

李致：

信收到。书已找邮局去查，我看不一定遗失。

十一月大会我不能参加，因为行动困难。除了写两篇随想外，什么事都做不了。

祁鸣最近未来，他也忙。照片会有的，不必急。李斧来，谈了两次，懂得年轻人的想法。你来上海当然欢迎。《散文诗》一时不会搞，我要搞的东西太多。身体差。

小棠明天结婚，后天去青岛旅行。

祝

好！

芾甘

八月十九日

问候秀涓和大家。

一九八三年九月三日

李致：

寄上剪报供你参考。

李斧信收到，请转告他，会为他写字的。

祝

好！

            芾甘

            九月三日

一九八三年九月九日

李致：

信收到。谢谢你寄来的照片。

你将带剧团赴京，祝你成功。

《选集》的稿费是否已寄北京文学馆？请催问一下。

国环①来信说有事找你帮忙，要我说句话。公事我无讲话资格。在可能范围内你会关心她的。

送李斧笔记本一册，上面我写了两句话。

祝

好！

芾甘
九月九日

问候大家！在陈晓明处看到你们的照片。

---

① 国环：巴金二叔李道溥孙女。

一九八三年十月二十二日

李致：

我第二次住院将近一月，病情略有好转。

托你办一件事，代问出版社：十卷本《选集》的稿费给现代文学馆汇去没有？汇款地址：北京沙滩中国作家协会巴金。注明"捐赠现代文学馆"。

上次遗失的书找到没有？

《巴山秀才》和《易胆大》①的录像我都看到了，不错。

我一直住在医院里，这次住北楼，比较清静，算是把生日躲过了。

祝

好！

芾甘
十月二十二日

问候秀涓和大家。

---

① 《巴山秀才》和《易胆大》：均系魏明伦创作的川剧剧本。

一九八三年十二月二十三日

李致：

　　信收到。你查一下《选集》稿费是否已经汇出，我希望能早把这事办妥，并回我一信。

　　我自己也不知道还要在医院住多久。一直到现在还在观察服药的反应。很可能还得在医院过春节。

　　沈、郁文集六卷已到，我已同国烁讲好，下星期内挂号寄出。

　　井上靖①他们请我明年五月去东京出席国际笔会，讲了几次，我不便拒绝，答应了。今天同医生谈过，说是没有问题，还可以带药去。

　　你的身体也得注意，不要过劳。

　　祝

好！

芾甘
十二月二十三日

问候秀涓。问候大家。

---

① 井上靖（1907—1991）：日本作家、诗人、社会活动家。

一九八四年三月三日

李致：

信早收到。近来事情相当多。写字仍不便。

书三十套收到。

张老①的好意，我很感谢。关于那几件事回答如下：一、去东京是为了酬答日本朋友的友情，井上靖先生"三顾茅庐"，我不能一口拒绝；二、去九寨沟我已无勇气和体力，沙汀兄卧病北京，恐也无此豪兴；三、今年大概不会返川，估计会在医院度过生日。万一健康情况有好转，我还得去北京出席一次全国政协的主席会议。

别话后谈。祝

好！

芾甘
三月三日

问候秀涓和大家。

---

① 张老：张秀熟（1895—1994），教育家，曾任四川省副省长兼教育厅厅长等职。曾多次邀请巴金及沙汀等共游九寨沟。

一九八四年四月一日

李致：

　　李舒返川，托他带这封信给你。[另]外照片一张。
　　汇款究竟北京收到没有？请查一下。北京说没有收到。
　　郁达夫集第七卷李舒带去。《论创作》请转张老。
　　《老家》一篇发表不久，给你看看。
　　祝
好！

　　　　　　　　　　　　　　　　芾甘
　　　　　　　　　　　　　　　　四月一日

　　问候大家。

一九八四年五月二日

李致：

信收到。我九日赴日，二十二日返沪。身体不怎么好，但总会应付过去。

《选集》稿费我叫国烊去信作协请他们查，同时也请你们出版社查，总得把这笔钱查出来。文学馆至今未收到，钱还没有着落，如不追查，可能就此消失。

《童年的回忆》稿费请通知他们汇寄北京现代文学馆。汇款办法由国烊告诉你。

从日本回来后再给你写信。

祝

好！

芾甘

五月二日

问候秀涓和大家。

《童年的回忆》52页注：李镛号皖云是李镛号浣云之误。

一九八四年五月三十一日

李致：

我已返沪。在日本住了两个星期，情况还好，现在开始感到疲劳，需要休息。暂时不住进医院。

《选集》稿费文学馆来信已经查到了，请转告出版社。

祝

好！

巴金

五月三十一日

问候秀涓和大家。

一九八四年八月六日

李致：

　　信收到。我前些天患感冒，刚刚痊愈，今天又去医院治囊肿，脓给挤了出来，每天还要去换药。你寄来的"意见"我无法细看，只是翻了一下，觉得也有道理，由你决定吧。

　　意见寄还。（另挂号寄上）

　　祝

好！

芾甘
八月六日

　　问候大家。

一九八四年八月二十二日

李致：

　　信收到，我身体并不好，不过也不太坏。现在需要好好休息。因此今年九月不回四川了。我对白戈同志说，明年回成都小住（春天或秋天），明年见吧。

　　寄两张照片给你。

　　祝

好！

　　　　　　　　　　　　　　　　　　巴金

　　　　　　　　　　　　　　　八月二十二日

　　问候大家。

一九八五年一月二十三日

李致：

　　信早收到，我写信困难，故未回信。《病中集》可以寄几本给你，但港版已早送完，北京版听说已印好，却一直不见寄来，就这样一天一天地拖下去。沙汀和翰老来信约我六月去四川，我回信说我目前还不能下定决心，我当然想走一趟，可是我身体太差，估计对付不了这样一次旅行，特别是参加讨论会。我劝他们不用等我。你知道我现在就怕开会，更怕开和自己有关的会，无论是批判会或是"学术讨论会"。王韦同志那里我要寄书去，或者寄给你转去也行。从香港回来写过四篇文章，弄得筋疲力尽，不多写了。

　　余后谈。祝
好！

芾甘

元月二十三日

　　问候秀涓。

一九八五年二月十一日

李致：

信收到。

《近作》（四）大部分原稿寄上，由你编辑。（另封挂号寄出）

目录上打了红圈的七篇过两天补寄。其中选集后记和《论创作》序两篇你那里有，就由你复制吧。

祝

好！

芾甘

二月十一日

问候秀涓。

一九八五年二月十五日

李致：

第二次寄稿四篇。尚缺三篇中《论创作》序和十卷本《选集》后记两篇，你在成都复印吧；至于《愿化泥土》后记，俟找到后补寄，这一篇很短，不过三四百字，在香港《文汇报》副刊发表过。

祝
你们全家春节快乐！

芾甘

二月十五日

一九八五年二月二十五日

李致：

寄上《愿化泥土·前记》一页，《近作》（四）的稿子齐了。

我说过《论创作》序和十卷本《选集》后记由你们复印。

祝

好！

问候秀涓和大家。

巴金

二月二十五日

一九八五年三月四日

李致：

　　信收到。新疆有个亲戚（萧珊的外甥女）问我要一套十卷本《选集》，我在这里买不到，现在把她的地址抄给你，希望能替我买一部寄去，书款多少，我下次汇还。

　　《近作》（四）用什么书名，你决定吧，我不想花费脑筋了。

　　《病中集》人文版已出，但至今未到，书寄到后会给你寄几本去。

　　祝
好！

芾甘

三月四日

　　问候秀涓和大家。

一九八五年四月二日

李致：

我来京开会，大约八、九日返沪。听说你十日左右去上海，请你设法代我买两套平装本《选集》。

余后谈。祝

好！

> 芾甘
> 四月二日

问候秀涓和大家！

一九八五年十一月十六日*

李致：

张惠珠①同志寄来一封信，要我转给你，我只是"照转"罢了。我相信你不会写什么"前言"之类的东西，也用不着我来对你讲什么。

你下月来上海吗？我身体不好，不过还未到生死关头。想写的文章不少，但没有精力。

祝

好！

芾甘

十一月十六日

问候秀涓和大家。

---

① 张惠珠（1932—2019）：中国人民大学教授。其《巴金创作论》由四川人民出版社1983年出版。

一九八六年八月十二日

李致：

信收到。给张老的回信已寄出。

《译文集》的事现在不能谈，因为（一）前些时候校改的十本小书原稿都在三联，那是为他们编的；（二）"自传"等书还需要修改，我一两年内绝不愿拿笔，我太疲劳了。王仰晨也提过《译文集》的事，以后再说吧。

祝
好！

芾甘

八月十二日

问候秀涓。

一九八六年八月三十日

李致：

信悉。我太累，只能写短信，谈那两件事：

一、《译文集》，明后年再考虑吧。我现在无精力改稿，交给三联的十种书，又不知何时印出，手边连底稿也没有。

二、《憩园》稿费不论多少，请代捐赠北京现代文学馆（信箱八一〇一）。

三、《日记》怎样，以后再考虑。

祝

好！

芾甘

八月三十日

问候秀涓和大家。

一九八六年十月三日

李致：

我这几个月身体很不好，大概编写《随想录》太疲劳，快到了"心力衰竭"的地步。最明显的是听力衰退，所以无法接电话，同你交谈。

我六日将去杭州休息七至十天，十六日回上海。我有好些话要对你说，以后再写吧。

我想谈谈故居的事，一直没有工夫写出来。我的意思就是：不要重建我的故居，不要花国家的钱搞我的纪念。旅游局搞什么花园，我不发表意见，那是做生意，可能不会白花钱。但是关于我本人，我的一切都不值得宣传、表扬。只有极少数几本作品还可以流传一段时期，我的作品存在，我心里的火就不会熄灭。这就够了。我不愿意让人记住我的名字，只要有时重印一两本我的作品，我就满意了。

别的以后再谈吧。

祝

好！

巴金

十月三日

问候秀涓。

一九八六年十月二十一日

李致：

　　我耳病未愈，无法跟你通电话，否则就用不着写信了。写信在我是件苦事。但不写信又怎么办？你知道我的想法吗？我准备写封长信谈谈我对"故居"的意见（也就是说我不赞成花国家的钱重建故居），以为在杭州可以写成。想不到十一天中一字也未写，因为没有精力，也没有时间。回到上海更没有办法。现在把第五卷的后记寄给你，你不妨多想想我那句话的意思："我必须用最后的言行证明我不是盗名欺世的骗子。"

　　《近作》（五）明年发稿也行，因为这两年半我就只写了一本《无题集》，不便用两个书名同时在两地印行。而且大半年来我身体差、精力不够，不可能一时找齐全部三十篇的剪报寄给你。目前我的打算是这样：

　　一、年底或明年一月寄给你《无题集》全稿。

　　二、如果健康有时间，病情又好转，我要写封信谈谈有关《随想录》的一些事情。

培伯①来过一封信，讲到为吕千②平反的事。这关系到他们子女的前途，的确很重要。她把她送给省市委的申诉书复印本也寄来了。你看要怎么办才好。落实政策嘛，应当为她帮点忙。

　　别的话下次谈。

　　祝

好！

苇甘
十月二十一日

　　问候秀涓和大家。

---

① 培伯：任培伯，成都市第六中学教师。
② 吕千：张履谦，任培伯的丈夫，四川大学教授。新中国成立初期被错划为反革命。

一九八六年十月二十二日

李致：

给徐、龚①两位的信，请转交。

培伯事前信已讲过，这是落实政策的事。你看有什么办法早点解决这个问题，我倒愿意帮忙。你也应当出点力。她的信寄给你看看，看后还给我。

她要我给川大去信，我看不妥当。我凭什么去信？我跟川大毫无关系，他们不理，我也无办法。

希望你尽快回信。

祝

好！

芾甘

十月二十二日

问候大家。

---

① 徐、龚：指徐靖、龚明德，时为四川文艺出版社编辑。

一九八六年十月三十日

李致：

　　信收到。现在把培伯的"申诉书"转寄给你，你帮点忙替她呼吁一下也好。她在第六中学，以后你可以直接跟她联系。当然我也会写信告诉她。

　　我在找《无题集》的剪报，一时找不到，连目录也忘记了。找到我会陆续寄给你。我的书房里很乱，找什么东西都困难。你能来谈谈，当然很好，不过要过了十一月，至少要在我的生日以后。明年年初也行。关于故居的事就这样说定了。不修复旧宅，不花国家的钱搞这样的纪念。印几本选集就够了。

　　出《随想录》合订本，我在八四年就答应三联了，不过我打算写的《后记》要一年后才给他们，因此我通知三联明年年底出版合订本。四川出版社就出《近作》吧。

　　祝
好！

芾甘
十月三十日

问候秀涓和大家。

一九八六年十二月二十七日

李致：

信收到。你应当回到成都了。我健康情况并无好转，仍感到十分疲劳，因为杂事多。港版《无题集》样书昨天寄来二册，今天航寄一册给你。此外还有未收集的三短文，过几天也给你寄去，你便可以编《近作》（五）了。

为旧居取资料，明年四、五月派人来最好，因为我整理东西，需要魏帆①帮忙。

别话后谈。祝

好！

芾甘

十二月二十七日

问候秀涓。

---

① 魏帆：马小弥女儿。小名香香。

一九八七年一月十八日

李致：

　　信早收到。我身体一直不好，动一下就感到十分疲劳，晚上也睡得不好，记忆力衰退。只是午觉睡得很好，忽然想起孔老夫子那句话："朽木不可雕也"，倒有点毛骨悚然。

　　陈晓明交来两张照片，要我转给你，现在寄出，已经迟了三个星期。

　　三篇文章找出来就给你。第二篇是《致青年作家》，发表在今年的《文艺报》上。第三篇是《给李济生的信》。

　　别的下次再谈。另一信请转给国煜。

　　祝
好！

芾甘
一月十八日

　　问候秀涓。

一九八七年三月三十日

李致：

可惜我的听力不行，又错过了交谈的机会。有些事要找你商量，下半年再说吧。我已搁笔，现在心境倒还平静，估计还可以活两三年。这段时间当用来处理后事。所谓后事，除了把捐赠北京图书馆、现代文学馆、上海图书馆、黎明学园的图书资料全部交出外，还有全集和译文集二种，全集由王仰晨负责，译文集我自己在整理，有十本稿子已经交给董秀玉①了。这最后两件事，大概都要你帮点忙，出点力。送四川方面的东西我也在准备，一是我的作品，二是照片。

以上的事两年中当可搞完，下次你来上海，当同你谈这些事。

任培伯的事情解决没有？我希望按照政策办事，你能帮忙早点解决。

---

① 董秀玉（1941— ）：三联书店原总经理、总编辑。

祝

好!

苇甘

三月三十日

问候秀涓。

一九八七年四月十四日

李致：

  信收到。我写字、谈话均感吃力，但一天总得做点事。没有办法，因为只有我说的、做的、写的才是我自己要说的、要做的、要写的，通过了别人的嘴和手那就不合我的本意了。济生月底可到成都，托他带两本《新文学大系》给你。他今天动身，先去洛阳。龚明德寄来《书简》①校样，我看过已寄还给他了。我想出过一本，以后不出也无所谓。我就只有那么些信，多出读者也不会买；《家书》早给了小林（王仰晨编印全集时，她会拿出来的），给你那些信也等到那时再发表吧。在这段时间里我最好保持沉默，沉默对我养病有好处。因此，《近作》暂时不出也好。对所谓《巴金传》我也是这样看法。我现在思考的是国家、民族的前途，不是个人的名利。我们绝不能靠说空话过日子。

---

① 《书简》：指《巴金书简》，四川文艺出版社1987年9月出版。

祝
好！

　　　　　　　　　　　蒂甘
　　　　　　　　　四月十四日

一九八七年四月二十九日

李致：

二十六日信悉。对我来说，我按照计划写完《随想录》，而且出齐两种版本，想说的话都说了，该满意了吧！可是想到我们多灾多难的国家和善良温顺的人民，我又得不到安宁，对，人怎么能只考虑自己呢？不管怎样，我提出来：大家要讲真话。为了这个，子孙后代一定会宽容地看待我的。我只能尽力而为。我的确打算今年秋天回成都看看，因为我的时间不多了，只要身体吃得消，我一定走一趟。到时我会写信同你商量，安排日程。当然今年去不了，还有明年，但明年一过，什么都完了，我再也不可能看见成都了。所以我得争取今年去，最好静悄悄地来去，不惊动任何人。

九姑妈要一瓶花椒油，如买得到就买一瓶交给济生带回。

你们去日本，在那边文化界我有不少朋友，如遇见我的熟人，请代我问候他们。

祝
好！

         芾甘
       四月二十九日

问候秀涓。

一九八七年六月二十六日

李致：

信收到，知道你们访日演出取得成功，也替你们高兴。

我前几天刚写完《合订本》"新记"（不到五千字），现在还感到十分疲倦。《合订本》将由三联书店出版，大约两三个月以后吧。我已对三联说过，《新记》不在任何报刊上发表。

关于日本民族我有些看法，他们有优点，也有缺点，但比我们有更多的活力，值得我们尊重、学习。……见面时我们可以畅谈。

《书信集》①稿费仍捐赠文学馆。但龚明德说的计酬办法我看不妥。受信人没有理由接受稿酬，倘使他为原信加了一些注解，他可以拿注解的稿酬；要是他做了些编辑工作，他可以拿编辑费。你想想看，倘使我把朋友们给我的信编成书册出版，自己拿一半稿费，我一定睡不着觉，因为我感到受之有愧。

---

① 《书信集》：指《巴金书简》。

祝

好!

芾甘

六月二十六日

问候秀涓!

《书信集》一共寄我六十册就够了。

一九八七年八月五日

李致：

　　信收到。估计你应当回到成都了。我最近身体不好，因此什么时候返川很难说定。总之，我闭上眼睛之前要回故乡一次，实现我多年的愿望。我要倾吐"愿化泥土"的感情，我想走走，看看。但照我目前的健康情况，走动十分吃力，会客谈话也缺乏精力，我担心稍微劳累就爬不起来，弄得不死不活，反而增加你们的负担。小林参加《收获》的笔会去了青岛、烟台。等她回来，你找她商量吧。我愿意食住简单，自己出钱。

　　徐靖来，我对她讲过《近作》（五）可以编辑了。除收《无题集》二十八篇和后记一篇外，还有《致青年作家》、《给李济生的信》（《六十年文选》代跋）、《答采臣》（《怀念集》增订本代跋）、《随想录合订本新记》共四篇。可能还有一篇《复苏叔阳同志（谈"老舍之死"）》，很短，听说要收入舒乙[①]编的《老舍之死》

[①] 舒乙（1935—2021）：老舍之子。曾任中国现代文学馆馆长。

中，要是发表了，便可编入《近作》。

《全集》我不送人。你要，你什么时候来搬一套去。

余后谈。

祝

好!

芾甘

八月五日

一九八七年十月二十四日

李致：

　　我已回到上海。正点到达。眼前全是上海的景物，仿佛做了一个美好的梦。十七天过得这么快！我说我返川为了还债，可是旧债未还清，我又欠上了新债。多少人，多少事牵动着我的心。为了这个我也得活下去，为了这个我也得写下去。

　　代我谢谢所有被我麻烦过的人。短短的十七天，像投了一粒石子在池水里，石子沉在水底，水面又平静了。但是我心里并不平静。

　　我相当疲劳，这几天什么事也做不了，但不会病倒的。后天要去医院拿药并检查。结果怎样，下次告诉你。

　　寄上小书六册，每人一册，已在扉页上写明，书寄在国炜处，有一册是宋辉要的。

　　祝
好！

　　　　　　　　　　　　　　　　芾甘
　　　　　　　　　　　　　　　十月二十四日

问候秀涓。

一九八七年十二月十三日

李致：

　　信收到。我仍然摆不脱一些我不想做的事。这次回成都我收获不少，想到一些人和事，我觉得精力充沛。我感到遗憾的是没有机会跟你交谈。能够多活，我当然高兴，但是我离开世界之前，希望更多的人理解我。你可能理解我多一些。

　　李芹返川前，如来看我，当托她带给你一包你的亲笔信，你好好保存吧。

　　《近作》中需要的文章还未找齐，共七篇，即

　　致青年作家（《文艺报》）

　　给李济生的信（《六十年文选》代跋）

　　增订本《怀念集》代跋

　　《老舍之死》代序

　　《随想录》合订本新记

　　《全集》第四卷代跋

　　《收获》创刊三十年。

　　你要的书会带给你。不过《无题集》精装本香港还未寄来。

《巴金选集》特装本你总该送我两部吧。还有，我想听听川戏高腔，替我买点录音带寄来。

　　别的下次再写。小林夫妇要出差去深圳，十天。

　　祝

好！

芾甘
十二月十三日

问候秀涓和全家。

一九八八年一月六日

李致：

两信都收到。由于一些杂事的干扰，我到今天才给你写回信。身体还是不好，不过脑子一直很清楚。感到痛苦的是不能工作，譬如清理书和照片。我要把书分送图书馆，把照片分送文学馆、档案局，当然还有你。我很想早把这类事做完，然后安静地写文章或者翻译一本半本书，我还有可以奉献的东西应当交出去。不幸我已经到了油干灯尽的地步了。

你要的书如全集和合订本会交给李芹带去。合订本我只有少数样本，本来决定送你三个姐姐和李舒各一册，这次恐怕来不及了。《无题集》精装本我手边也没有，不过可以去信向三联港店①去要。

我写给你的那封短信你要发表就发表吧，我没有意见。

你对李舒说，剑波要照片，李舒给我们照的。不要忘记任培伯的事情。

---

① 三联港店：指香港三联书店。

祝
好!

　　　　　　　　　　芾甘
　　　　　　　　　　一月六日

问候秀涓和大家。

一九八八年一月十七日

李致：

昨天得到川剧院电报，惊悉周企何①同志逝世，请代我在他灵前献一个花圈。生命虽短，艺术永在，他会活在观众的心中。我还保留着去年十月在成都同他喝酒谈笑的照片。那情景如在眼前。

李芹来时，会托她把书和信给你带去，你们姐弟各有一册合订本《随想录》，李舒也有。

过两天会把《近作》十篇寄给你，但其中《致青年作家》、《六十年文选》代跋、《合订本新记》三篇你们自己搞个复印件吧。

祝

好！

芾甘
一月十七日

---

① 周企何（1911—1988）：川剧表演艺术家。

一九八八年一月十九日

李致：

　　《近作》十篇齐了。我这里只寄出七篇手稿（或复印件）。还有三篇，即《致青年作家》《给李济生的信》和《〈随想录〉合订本新记》，你可以根据《文艺报》（八七年一月）、《巴金六十年文选》和《羊城晚报》（八八年一月五日）复印。合订本精装我已签了名送你和国煜姐妹共五册，将由李芹带去（李舒也有一册）。本来想把书邮寄给你，但寄书手续麻烦，我办不了，九姑妈现在也不方便。还得想办法。

　　我身体不好，但也不太坏。只是无法工作，动一下就感到疲劳。我需要做一些事情，却什么也做不了，现在只能好好地养病。

　　祝

好！

　　　　　　　　　　　　　　芾甘

　　　　　　　　　　　　　　一月十九日

一九八八年二月三日

李致：

　　李芹来，我说她"突然袭击"，我毫无准备，一大包你给我的信，全忘了交给她带去。尽管我责备自己健忘、不中用，也没有办法把信送到你手里，那么明年再说吧。我保证不让别人拿去就是了。

　　《全集》也忘了交给李芹。这倒"忘"得好！三年内我不把《全集》送人，谁也不送，这才摆得平。《全集》是为做研究工作的人用的，收了一部分我自己不满意的作品，不想让熟人看到。前三卷是《家》《春》《秋》，你大概有几种本子了。

　　还有一件事情，崔万秋为他外孙女户口的事，来信找柯灵帮忙。柯灵来找我，要我把原信转给你，看你能不能设法。我说李致会坚持原则，办得到他就办，办不到他就不办。现在把崔的信转给你看看，不行就讲个理由把信退回吧。

祝

好！

芾甘

二月三日

问候秀涓。

近作目录（一九八六年——一九八八年一月）

请复印致青年作家（第三届全国青年创作会议上的书面发言）

请复印《巴金六十年文选》代跋（给李济生的信）

《怀念集》增订本代跋（复采臣）

《老舍之死》代序（复苏叔阳同志的一封信）

请复印《随想录》合订本新记

《巴金全集》第四卷代跋（致树基）

《巴金全集》第五卷代跋（致树基）

《收获》创刊三十年

《巴金全集》第七卷（致树基）

《巴金全集》第六卷（致树基）

一九八八年三月二日

李致：

　　信早收到。打算写回信，却一直抽不出时间。干扰实在多，因此我常常感到苦恼。到现在还不能照自己的意愿安排事情，打发时间，我的确很苦恼。有一个时候我倒希望你退下来帮忙我做点工作，例如整理我的日记、佚文、书信等等，还有在我不能工作的时候，代替我帮助王仰晨编好《全集》的后一部分。现在这些都成了空想。你还是好好地做你的工作吧[①]，我不赞成用"鞠躬尽瘁"的字样，那太封建了，还是"劳逸结合"比较好。两方面都抓住，不行。

　　柯灵信转给你，你做统战工作，帮忙解决落实政策的问题，可能不算是"不务正业"吧？

　　《全集》你将来会有的，不用急。即使我突然去世，也会睁开眼喘着气，盼咐送你一部全集。这不是开玩笑，我在认真思考。真正了解我的人并不多，可能有些未见过

---

① 指李致被选为四川省政协秘书长，一时难以协助巴金工作。

面的读者看到了我的心。我并不希望替自己树碑立传，空话我已经说得太多，剩下的最后两三年里我应当默默地用"行为"偿还过去的债。我要做一个普通的老实人。我没有才华、没有学问、没有本领，只有一颗火热的心、善良的心。我怎么会成为今天这样的人？我近来常常在想这个问题。

以后再谈吧。

祝

好！

芾甘

三月二日

问候秀涓。

一九八八年三月二十三日

李致：

信收到。我不知道你会不会和政协团一起去北京。我请了假。这三个月我身体很不好，真是坐立不安，身心都不舒服。什么也做不了。你提到朝鲜的日记①，香香只抄了一半，还有一半即一九五三年二次赴朝的日记，我不曾找出来交给她，不知放到哪里去了。已抄好的日记，我必须先看一遍才寄给你，可是我一直没有时间和精力翻看它。

龚明德编的《书简》印出来了。他替我订购了百册，我让他留五十册（精装二十，平装三十）给你。我看不必主动地送人，熟人想看拿去也无妨。能不看还是不翻看为好。稿费，我说就捐给文学馆吧。

别的以后再说。新影张建珍拍摄的纪录片②给你们看过没有？

---

① 朝鲜的日记：《赴朝日记》。记录了巴金1952年3月至10月、1953年8月至12月两次入朝期间的所见所闻。

② 纪录片：指1987年张建珍编导、中央新闻纪录电影制片厂拍摄的人物传记片《巴金》。

祝

好!

　　　　　　　　　　　　　　　　芾甘

　　　　　　　　　　　　　　三月二十三日

问候秀涓。

我们家电话号码已改为335049。

一九八八年五月七日

李致：

我身体不好，什么事都做不了，书和照片只好等下次了。我的近况请李舒告诉你。过几天还要给你写信。

寄上一篇未发表的近作，供你编近作集时采用。这已是三年前的文章了。倘使将来有新作，当续寄给你。

你的旧信一大堆托李舒带去，我本想留着它们，多么好的资料啊！终于决定请你自己保存。以后你替我整理材料，用得着它们。

祝
好！

芾甘
五月七日

问候秀涓。问候大家。

一九八八年五月二十四日*

李致：

我在一个月前就打算给你写信，可是一直拖到现在才写这封短信（啊，我记起来了，我在李舒回川时还写过一封信）。我身体不好，动一动就觉得累，有时感到十分疲劳，不得不休息。有时和熟人谈不到一个小时，就再做不了任何事情。我的确是在抓紧时间工作（做自己想做的工作。）照我自己的说法是"结账"，帮助文学馆发展，同王树基一起编好全集都是"结账"。我希望不受到干扰。

你想多做事，很好。但我估计目前你不会有多少时间。不要把什么事都揽在手里。前几年你搞出版社有成绩，但现在四川出版社声望落下去了。恐怕你回去搞也无办法。《近作》拖迟了，出版也有困难。你在四川工作几年，在出版社似乎并未打下基础。不然，即使看钱风刮起来，招牌不会掉下给砸碎的。

我离开成都在十九岁时，不是十七岁。当时是去上海，到年底才由友人江疑九介绍改变计划去南京东大附中，先念了半年补习班，然后念完高中三。

李舒寄来的照片收到，这次比上次好。李舒的确有本事，不过还应当努力。我希望他能摄出我自己看了也很感动的一张照片。他来信又说美术社要找总理同我合摄的像，现在把最近新影厂送我的那张借给你们（用后即寄还）。照片不太清楚，是一九六三年三月某夜新影在京民族文化宫拍下的镜头。新华社没有人会拍照，总理只是来看看，很快就走了。当时郭老在写字，我要他也给我写一张。新影厂不曾找到更清楚的照片，而我连这样一张也没有。

别的以后再说吧。

祝

好！

芾甘

五月二十四日

问候秀涓，问候大家。

一九八八年八月三十一日*

李致：

　　信收到。我最近身体不好，精力不济，又在进行一年一次的"体检"。下周要住院检查，担心胆囊有问题，我看也不太要紧。

　　没有给你写信，不只是因为疲劳，而且我不想提文艺出版社的事①，太丢脸了！

　　任培伯落实政策的事办好没有？

　　祝

好！

芾甘
八月三十一日

问候秀涓。

---

①　指四川文艺出版社因出版不良导向图书受到批评一事。参见本书李致1993年6月18日致巴金的信。

一九八八年十一月二十八日

李致：

想念你们。听到你的声音感到亲切，可惜我耳朵有毛病，听长途电话不清楚。我身体不好，可能比去年回川时还差一点，但也不能说很糟。又老又病，活下去总有些痛苦，但对我的国家和我的人民有感情，我始终放不下这些笔。在躺倒之前，我还想搞一本《随想录》续篇，也还想回成都找寻我少年时期的脚迹。能实现这愿望，我就没有遗憾了。我也想同大家再欢聚一次。

别的话下次谈。

祝

好！

芾甘

十一月二十八日

秀涓好！

小林夫妇下月十六应余思牧①的邀请去香港参观两星期。

---

① 余思牧（1925—2009）：香港企业家、作家、巴金研究家。

一九八九年一月二十四日

李致：

好久未得你的信，不知你近况如何。有几件事找你代办一下：

一、《近作》不必出下去，十篇文章的篇目可退给我（包括几篇复印件）。

二、《新文学大系》第二个十年你缺哪几本，请告诉我，以便给你补齐。

三、剑波来信，说他住医院，希望你去看他一次。艾芜和张老怎样？

我的情况不太好，但也不太坏。你们怎样？听说国炜不太好，她还住院吗？

祝
好！

芾甘

一月二十四日

一九八九年三月九日*

李致：

　　信收到。这次跌伤，想不到这么厉害，差一点看不见你了。在医院已住了三星期，大约还要住一两个月，很不舒服，但也毫无办法。这是我的错，以后应当加倍小心，争取多活。

　　今年不能回四川了，你有空，来看看我。

　　《怀念从文》已发表，拿到复印件后就寄给你。

　　你多保重。你要的书总会有的，等你来了再说。

　　问候秀涓。

　　祝

好！

巴金口述
三月九日

一九八九年七月二十八日

李致：

　　信早收到。我仍在医院，大约八九月回家。回家后可能会感到寂寞。没有人了解我，我的心情颇似晚年的托尔斯泰。我一身伤病，连托翁的出走也办不了。所以我只好写一本《家庭的悲剧》这样的小书。

　　你有机会过上海时，可找我谈谈。你可以理解我心上燃烧的火，它有时也会发光，一旦错过就完了。……

　　祝
好！

芾甘
七月二十八日

　　问候秀涓。

一九八九年八月二十六日

李致：

我同意用"存目"①的办法，反正你是责任编辑。我不会让你为难。

我在医院住了半年多，不但写字难，讲话也不容易，这毛病叫作"语言障碍"。估计再活两三年就够了。我还有一件工作就是帮王仰晨编完《全集》，但愿能办到。

你有空来上海，我当然欢迎。不能来，我也不怪你。《全集》会为你留下一部。据说已出到十一卷，我还只看见一至五，全部大约二十五卷。

话很多，手发抖，不写了。

　　祝

好！

芾甘
八月二十六日

问候秀涓。

---

① 存目：指四川文艺出版社1990年9月出版《讲真话的书》时，抽掉了原稿中的《"文革"博物馆》一文，仅存目。

一九八九年十二月二十九日

李致：

　　《赴朝日记》（二）已校完，共七十八页，现在全部寄给你，外附原稿。我建议你先把这两部在朝鲜写的日记校好，就给王仰晨寄去，而且要连同原稿，将来书印出来，原稿就由王捐赠文学馆。我这里开始整理六〇年的《成都日记》[①]。像这一类的日记还可以找到一些，不过相当麻烦。希望你认真帮忙。

　　　祝
好！

芾甘
十二月二十九日

问候丁秀涓。

[①] 《成都日记》：记录了巴金1960年10月9日至1961年2月8日，在成都四个月的写作和生活情况。

一九九〇年十一月二十一日

李致：

　　长信和在广州寄的信收到。我杂事多，实在疲劳，对自己的要求只能降低标准了。许多话将来见面谈。现在只求你做一件事：把日记全部寄还给我。我目前最需要的就是六五年十一月到六六年八月的日记。希望能办到。
　　祝
好！

芾甘
十一月二十一日

问候秀涓。

一九九〇年十二月二十五日

李致：

　　书三十二册收到，你们辛苦了，印刷装帧都还过得去，我相当满意。感到遗憾的是漏掉了几篇文章（如译文选集小序等），和用"存目"的办法删去了一篇"随想"。特别是后者，这一办法本身就是一篇"随想"。读者会明白这个意思。这次寄来的是精装本，三十二册已经够了。一定还有平装本，也寄点来吧。在四川恐怕这是我的最后一本书了。我盼望明年能见到你有机会畅谈，算是告别，我要安排后事了。我的近况李舒已经对你们讲过，从杭州回来，病情没有大发展。我也争取多活，但要求不能过分。我们都得有思想准备。

　　祝
好！

芾甘
十二月二十五日

问候丁秀涓。

一九九一年一月七日

李致：

　　请你再寄五册"大书"来。大概有人批评你编得不够认真。开天窗也不是好办法，当时我不该同意（因为你署名编书不便用这办法）。为什么要存目？这成了一个问题。我仍希望你能来上海出差或休假，我可以同你谈谈怎样料理后事。当然也只能基本上按照自己意思处理，这样省得麻烦别人。我自己现在还不曾完全想好。那天来电话，我听不清楚，接着就断了，你也没有来信。那么下次再谈吧。
　　祝
好！
　　问候秀涓。

芾甘
一月七日

一九九一年一月二十八日

李致：

你打电话来，我没有能去接，也不知你的困难是什么。我要你找王仰晨要全集代跋，是最省事的办法。其实你在图书馆借几本全集把代跋复印下来也并不费力。不管怎样，我明天也要给王写信叫他把你漏掉的几篇代跋寄给你。

还有我寄了一篇《〈写给彦兄〉附记》给安常①同志，这短文《讲真话》②中收入了的，不过注释不清楚，这是为《鲁彦选集》写的。不单是《写给彦兄》的附记，出版者是上海文艺出版社。

别的话下次写。

祝

好！

芾甘
一月二十八日

问候秀涓。

---

① 安常：戴安常，诗人，时为四川文艺出版社副社长。
② 《讲真话》：《讲真话的书》，四川文艺出版社1990年9月出版。

一九九一年三月三十日

李致：

稿子看过，遗漏了一篇，即十七卷代跋二，请找王仰晨补齐。你现在有的，"代跋（二）"是代跋（一）的后一部分。另有一篇谈序跋的代跋二。

芾甘
三月三十日

一九九一年四月八日

李致：

　　李舒来，我忘记通知你把日记交给他带来。但下半年我要把日记编好交王仰晨处理。我们打算明年上半年发稿，因此希望你在五月内把日记寄回，最好全部，至少先寄一半。

　　关于《讲真话的书》，遗漏的文章除了十七卷代跋（二）外，都已补齐。代跋共写了两篇，表示两种意见，可能王仰晨已把代跋（二）寄给你了。增订本什么时候出书？

　　祝
好！

芾甘
四月八日

问候丁秀涓。

一九九一年五月十九日

李致：

信收到。我最近因热感冒发了气管炎，咳得厉害，服了一个多星期的药，才渐渐地好起来。这是李舒走后发生的事。以前的情况他会告诉你，他还拍了不少照片。你忙，不来也好，你可以开始做整理日记的工作，你看完五十页就给我寄来，我看后再寄给王仰晨，日记至迟要在明年发稿。本来我希望你来，想同你谈谈我一些未了之事，但现在我有语言障碍，谈话不方便，不会谈什么了。不过帮忙我做好《全集》工作也是值得我感谢的好事。此外，托你办一件事：六月二十日李劼人故居举行纪念会，你替我送个花篮去。又故居的工作人员易艾迪来信说成都有一套《成都报刊志史料》（内刊，十五册，二十元以内），他愿意代我买一套。我想你或李舒也能代办，就托给你们吧。最后，问你《讲真话的书》什么时候印出来？有人问我要书。

祝

好！

         芾甘
        五月十九日

问候秀涓。

一九九一年七月二十一日

李致：

　　长信收到。我最近身体精神都不好，写字实在不易，许多话只好咽在肚里，我已没有精力写什么了。朋友一个个离开了我，今年朱梅①在京去世，对我是一个打击，最近又得到汝龙的噩耗，我万想不到他会比我先走。

　　大书②我不会再要，多要。我时间有限，不能浪费了。

　　只想到一件事：日记复印件暂时不捐赠慧园，仍由你代为保管，因为日记出版前，不能让人随意采用。

　　我不是悲观，我只是着急。我要同时间赛跑！

　　祝

好！

芾甘
七月二十一日

问候秀涓。

---

① 朱梅（1909—1991）：著名酿酒专家，巴金友人。
② 大书：《讲真话的书》。

一九九一年九月十一日

李致：

日记收到，我看一遍后就陆续寄给王仰晨发排。

最近身体不好，几乎完全不能工作，而未了之事尚多，因此很着急。

张珍健①同志要送我七十多个印章，我感谢他的好意，但是我不愿意举行一种接受的仪式，让人们谈论、看热闹，也不愿意让他把印章送到上海亲手交给我，只为了一刻钟的会见，这样做，我仍然感到很吃力，而且显得不近人情。总之烦你告诉张同志，不要来上海送印章，他的好意我心领了。我看由慧园代收，不好吗？将来还可以在慧园展览。

写不下去了，祝

好！

芾甘
九月十一日

问候丁秀涓。

---

① 张珍健：成都市第二中学校长，长于篆刻。

一九九一年十二月十二日

李致：

　　托李舒带这封信给你。关于日记我考虑了两个晚上①，决定除收进全集外不另外出版发行，因为这两卷书对读者无大用处（可能对少数研究我作品的人提供一点线索）。我没有理由出了又出、印了又印，浪费纸张。我最近刚刚看过这些日记，里面还有些违心之论，你也主张删去，难道还要翻印出来，使自己看了不痛快，别人也不高兴？你刚来信说你尊重我的人品，那么你就不该鼓励我出版日记，这日记只是我的备忘录，只有把我当成"名人"才肯出版这样东西，我要证明自己不愿做"名人"，我就得把紧这个关，做到言行一致。对读者我也有责任。我出一本书总有我的想法。为什么要出日记的单行本？我答应你，也只是为了不使你失望。几十年前我曾经责备自己拿作品应酬人，因此大发牢骚，今天在我搁笔的时候我不能再勉强自己了，何况全集出版之后另出日记单行本还要同人文社办交涉。

---

① 指李致受托向巴金联系出版巴金日记的影印本一事。

我写字吃力，不多写了。一句话，日记不另出单行本。

祝

好！

芾甘

十二月十二日

问候秀涓。

一九九二年一月二十七日

李致：

两封信都收到。我欠的信债太多，还新债更困难。我就只谈三件事：

1. 我记得前两年和人文签过合同，因此不再授权给四川少儿社出少年版。这些事过两年由小林去办吧。我不愿找麻烦。

2. 我的日记不仅不出影印本，也不出单行本（人文也不出）。你那里有一份复印件暂时由你保存，全集的日记两卷出版后，就把复印件捐赠慧园。

3. 慧园的事你还得多帮忙。应当怎么搞，你在当地容易听到好的意见。我想到的只是多收集点资料，你们家里也可以找到一点吧。我的身体越来越差，几乎任何事都干不了，但我还想为这些事业出一点力。总之要帮助它们发展。

还有，小同学陈亚军来信收到，我不回信了。我寄两本小书给他。

祝

你们春节快乐！

芾甘

一月二十七日

一九九二年三月二十六日*

李致：

　　信收到，我的身体一年不如一年，最大的痛苦是不能工作，没有精力做任何事。我写信也很吃力，不写长信了。其实我一般只写短信，我只有那么一点力气。我的近况李舒大概知道，他和国琰经常通信，有什么消息李舒会告诉你。你什么时候去美国探亲？预备去多久？我想知道。

　　今年五月开始我得考虑我的遗嘱，自己越来越感觉到来日无多了。

　　祝
好！

芾甘
三月二十六日

一九九二年七月十四日

李致：

　　你在美国寄来的两封信都收到了。我想写回信，但身体不好，写字越来越困难，而且很痛苦，也没有时间。小咺咺回来住了一个月，前天一个人搭飞机走了，这个八岁的孩子，差一点带走了我的心。李舒今天也走了，他只住了六天，但来得及给咺咺拍下一些镜头。你和秀涓难得这样长期休假，能多看看，多休息也是好的。珊珊来信看到，她写得比咺咺好，希望她将来有机会帮忙咺咺学中文。我这次不给珊珊写回信了，整天感到疲劳，什么事都不能做，写一封信也不容易。

　　祝
好！

巴金
七月十四日

　　问候大家。

一九九二年九月二十三日

李致：

　　我最近血压偏低，医生要我小心。国庆后将同小林夫妇去杭州小住半月。

芾甘
九月二十三日

一九九二年十二月十八日

李致：

　　信收到。这个月我心情不好，艾芜、沙汀相继逝世，尤其是沙汀的突然死亡，使我十分难过，他还能写，也准备写不少作品，就这样离开人世，太可惜了！你不在成都，他们的最后时刻，我也无法知道。

　　珊珊的信都看到，她读英译本《家》，我很高兴。《春》《秋》无英译（但有法译本）。我行动不便，不能去美国。

　　画册给你留一本在这里。李舒带的东西太多，我不好意思增加他的负担。我身体越来越不行，写回信实在有困难，明年要找人来帮忙了。

　　别的话以后谈。

　　祝

好！

巴金

十二月十八日

问候你们全家。

一九九三年七月六日*

李致：

　　长信收到。我也有许多话要对你说，可是我没有力气把它们写出来，我太疲劳了。对你，我希望你好好地回顾一下，反思反思，认真地做个总结，准备再干二十五年。你不像我，你还有那么多的精力和时间，只要不拼命，能保护眼睛，还可以干一番事业，出更大的成绩。
　　请多想一想。
　　祝
好！
　　问候秀涓！

芾甘
七月六日

一九九三年八月二十八日*

李致：

二十四日来信收到，你如能来，还有畅谈的机会，否则你只好接受我在全集最后的无言的告别。我自己倒想回家乡一次，但健康情况似不允许，小林也不赞成，她同医生谈好她和小祝，还有马少弥，我的"生活秘书"小吴陪我到杭州创作之家休养两个星期，九月二十九动身，十月半回上海，这也算是同西湖告别吧。我自己估计明年可能要躺倒了。其实能见到全集出齐即使躺下我也满意了。

《讲真话的书》究竟怎样了？是不是已经印出，还是不印？我的生命就只有两三年了，希望不要拿不做的事帮忙我浪费生命。

祝
好！

问候丁秀涓。

芾甘
八月二十八日

一九九三年九月三日*

李致：

　　王仰晨兄来信要我查明我给李斧写信在哪一年。我拿到清样，因未注明年月，又未见到原信信封，实在记不起来。我便说写封信，要李致去问问李斧。李斧写几个字寄给王仰晨不就行了？！

　　我身体仍不好，最苦的是写字困难。《讲真话的书》究竟出不出。

　　我们月底前去杭州休息两星期。

　　祝

好！

　　问候全家。

芾甘
九三年九月三日

一九九四年一月十六日*

李致：

  收到来信。我身体不好，整天疲劳，什么事都做不了，要写封回信也不容易。你的信我也无法回答。其实我有许多话对你说，有一些事同你商量，我应当处理那些未了的事，希望找几个人谈谈。但是你我都没有充足的时间，你的情绪不好，你的身体也不好，有些事不用多谈，也容易明白。对你我只求你办好一件事：把《讲真话的书》早印出来。否则将成为一个笑话。龚明德说我向四川出版社要"高稿酬"。他明明知道我这一部分稿费差不多都捐赠给文学馆，还有一部分送了给本省出版工作协会了。

  秀涓的身体怎样？要多加注意。
  祝
好！

甘苎
元月十六日

附录一

致成都市川剧院[①]

成都市川剧院：

  今天是成都市川剧院建院一周年的节日，市川剧院的同志们知道我喜欢看川戏，来信要我对川剧的演出提一点意见。我拿起笔，却不知道写什么好。说实话，我只是一个普通的观众。我自小就爱看戏。我生在成都，到十九岁才离开四川，不消说，看川戏的机会很多。在四川的时候，我并不觉得自己对川戏有特殊爱好。可是1936年，我在上海重看川戏就有一种旧友重逢的感情。1940年年底[②]，我第一次回到四川后，由重庆坐船到江安去看朋友[③]，船在泸县停了大半天，我上岸去随便走走，忽然听见有人在唱《情探》，我居然站在一家商店门前听完了半张唱片，我觉得多么亲切、多么高兴。喜欢听乡音，这是人之常情。我对川戏的偏爱，也是可以理解的。

  然而说到偏爱，也并非盲目崇拜，不辨好歹。有一个

---

① 该信见于1961年成都市川剧院编印的内部资料。
② 1940年底：此应指农历，巴金第一次回到四川是1941年初。
② 朋友：指剧作家曹禺。

时期（1944年下半年到1946年上半年），我住在重庆民国路，附近就有川剧院，我记不起是"一川"或"二川"①了，总之，买票方便。但是我去看过三次或四次，就不想再去了。和尚与西装少年同台，演员在台上随便开玩笑。那些做黄白生意发财的观众最欣赏的是色情的东西。每次我都等不到戏终场就走了。我有几个爱好川剧的外省朋友，抗战期间他们也曾在重庆住过几年，但那个时候他们是不看川戏的。他们爱上川戏，还是解放以后的事。川戏在上海演出，得到很高的评价，也是解放以后的事。1936年川戏班在上海演出《评雪辨踪》，观众寥寥无几。1954年曾荣华和许倩云两位同志在上海演《彩楼记》就受到观众们的热烈的欢迎。观众变了，剧本也改得好了，演员的表演也进步了。要是我再拿抗战后期在重庆看过的川戏跟最近几年先后在上海看到的几个川剧团的演出比一下，真可以说是有天渊之隔。

  从1954年起我在上海看过四次川剧的演出。在剧场里也常常遇见外省的朋友。大家谈起来，对川剧的喜爱都是相同的，意见也差不多。都说川剧剧目多而好，表演有独特的风格，台词精练而又风趣，生活味道很浓；有人甚至说川剧从剧本到表演都够得上三个字的评语，那就是

---

① "一川"或"二川"：应为"一川"，即重庆的"一川大剧院"，为京剧厉家班的演出基地。似无"二川"之说。

"精""深""美"。自然这是指好戏说的。我过去也看过一些坏戏。川剧团在上海演出的剧目中也有坏戏，也有还不曾整理好的戏，至于好戏像《柳荫记》《翠香记》《评雪辨踪》《拉郎配》等等都是经过了多次修改和加工的。去年9月我看过青年演出团的《拉郎配》，加了一场新的《武拉》，而且，改得的确比1957年在这里演出的更好了。我最近无意间读到原来的《鸳鸯绦》，才懂得所谓"化腐朽为神奇"的意义。几个主要人物的外表，似乎没有什么差异，可是精神面貌不同了。人物的性格鲜明了，主题也突出了。本来是歌颂封建统治者的戏现在变成了揭露封建统治者罪恶的讽刺喜剧。原来那个做替死鬼的大头、小吹董大也变成了观众最喜爱的有血有肉的董代了。《拉郎配》的确是一个最受外省朋友欢迎的好戏。去年我在北京遇见一位向来不看戏的朋友，他忽然拉住我说："想不到川戏的喜剧那样好。"他指的就是这个戏，从这里也可以看出解放十年来戏改工作的巨大成绩。

我常常听见人们谈到川剧中的喜剧，都说它好，川剧团在各地演出的喜剧也比较多些。不过我觉得有些戏似乎还需要更好的加工，要是都能够整理到《拉郎配》那样完整就更好了。《乔老爷上轿》也是近几年中整理出来的很好的喜剧，倘使再花一点点功夫也就可以跟《拉郎配》媲美了。像这样的戏都是应当列入世界喜剧名作之林的。

其实川剧的剧目那么丰富，称得上好戏的岂止喜剧而已！像去年9月青年演出团在上海演过的《治中山》就是一本激动人心的好戏，虽然还不够完整，但是在现有的基础上加工也并不困难。这个戏在上海只演了一场，可是好些看过戏的人都赞不绝口。《焚香记》也是感染力很强的好戏，听说出国演出团在柏林演完这个戏，谢幕多到二十二次。两个多月前陕西省戏曲演出团的秦腔古典剧《赵氏孤儿》轰动了上海文艺界。我曾经这样想：为什么川剧团不把这个戏带出来呢？1956年年底，我在成都陪西德[①]剧作家魏森堡（《十五贯》的德文译者）看过这个戏的一段，觉得很不错。有些外省朋友说，川剧表演以"三小"[②]见长。我不大同意这种说法。所以我倒希望今后川剧团出川巡回演出，在喜剧之外，也带些正戏和悲剧出来。培养演员也一定能做到全面发展，不会只限于"三小"的。

最近几年来，川剧在党的领导下对于新生力量的培养做了很多的工作，也有了不小的成绩。许多人谈到这一点，都表示钦佩，我也听见一些同志在公开的会上称赞川剧青年演员成长的迅速。据我这个外行看来，就数量和普遍说，恐怕没有一种剧种在这方面比得上川剧。但是在去年到上海来的青年演出团中我还没有见到一位像姚璇秋

---

① 西德：指联邦德国。

② "三小"：指小生、小旦和小丑。

同志（潮剧演员）那样成熟的演员，姚同志是在1953年才开始学戏的。我对去年看到的《白蛇传》感到美中不足的地方，就是我看见的，还只是演员，不是民间传说中的白蛇和许仙。为了表演身段和功夫，忽略了人物，也可以说是"得不偿失"罢。好的演员便不是这样。例如阳友鹤同志，这里好些文艺界的朋友特别欣赏他的演技。一位有名的剧作家[①]说，看阳友鹤同志的戏就像看齐白石的画一样，淡淡的几笔就把人物勾出来了。

我说这些话绝非故意挑剔。我不过提醒同志们：在社会主义的大竞赛中不能有片刻的松懈；别人跑到前面去了，就应当迎头赶上。这种道理同志们一定比我更清楚，用不着我饶舌了。作为爱好川剧的观众，我愿意在这个喜庆的日子里，代表我全家（连我的九岁的男孩也喜欢川剧！）向川剧院的同志们表示祝贺与感谢。川剧院的同志们在1959年已经打了很漂亮的胜仗。在这个伟大的60年代中，川剧的前途是无限美好的，川剧院的同志们一定会取得更大的胜利，演出更多更好的戏为我们伟大的时代和英勇的人民服务。

巴　金
一九六〇年一月九日

---

① 有名的剧作家：估计是指曹禺。因为曹禺对李致讲过同样的话。

致四川省作家协会*

四川省作协各位同志：

来信读悉。我只是一个普通的文学工作者，写作六十几年，并无多大成就，现在将我的名字和我省的文学事业联系在一起，对我实在是莫大的荣誉。我非常感谢。但是建立"巴金文学基金会"，设立"巴金文学奖"又使我十分惶恐。我一向不赞成以我的名字建立基金会、设立文学奖。

我想起一年前逝世的我省两位杰出的作家沙汀和艾芜，他们是现实主义的文学大家，他们的作品是我国人民共同的精神财富，他们为我省文学事业的发展作出了很大的贡献。为了纪念他们，我建议以他们两位的名义建立基金会、设立文学奖。

请你们考虑。

此致

敬礼！

巴　金

一九九三年十月二十六日

李致并转四川作协：

四川作协召开会员代表大会给我发来两份电报，希望听到我的声音。感谢同志们的厚意，我因病不能来到同志们中间，和你们一起讨论。我长期"脱离"生活，又没有资格发言。请原谅我的沉默。我写作六十几年，说不上失败，也谈不到成功，没有值得学习的经验。不过我想要不脱离社会、不忘记人民，只要真诚地追求，只要讲真话，把心交给读者，大家都会在创作上开花结果。祝大会圆满成功。

巴　金
一九九一年五月二十三日

致巴金国际学术研讨会①*

  我有病，不能出席讨论会，非常抱歉。我长期患帕金森氏症，靠药物延续生命，但是有一个毛病还在发展，那就是语言障碍，我常常听不懂自己讲些什么。脑子还管用，嘴却不听指挥，只好请笔来帮忙。

  我不是文学家，也不懂艺术。我写作不是我有才华，而是我有感情，对我的祖国和同胞我有无限的爱，我用作品来表达我的感情。写作六七十年，我并无大的成就，可以说是愧对读者。

  我提倡讲真话，并非自我吹嘘我在传播真理。正相反，我想说明过去我也讲过假话欺骗读者，欠下还不清的债。我讲的只是我自己相信的，我要是发现错误，可以改正。我不坚持错误，骗人骗己。所以我说："把心交给读者。"读者

---

① 此信原以"我用作品来表达我的感情"为题发表于1991年9月15日《四川日报》，发表时附有编者按："巴老这封信是1991年7月31日上午在上海寓所面交巴金国际学术研讨会组委会委派的代表、四川作协谭兴国的。原信无抬头，发表时的标题是编者加的。"

是最好的评判员,也可以说没有读者就没有我。

因为病,我的确服老了,现在我行动更不便,写字很吃力,精力体力都在不断地衰退,以后我很难发表作品了。但是我不甘心沉默。我最后还是要用行动来证明我所写的和我所说的到底是真是假,说明我自己究竟是一个怎样的人。一句话,我要用行为来补写我用笔没有写出来的一切。

请相信我。谢谢。

巴　金

一九九一年七月三十日

致成都和平街小学*

同学们，亲爱的小朋友们：

信收到。我长期生病，行动不便，写字困难，活着的日子不多了。我这一生没有做出什么成绩，我不是什么"民族的骄傲"，我只是一个普通的中国人。不过对我的人民和我的祖国我有深切的爱。我真羡慕你们！我愿意再活一次，重新学习，重新工作，让我的生命开花结果，为民族、为人民献出全部精力。但是我办不到了，我没有时间和机会了。我把希望寄托在你们的身上，我家乡的孩子们，奋勇前进吧，愿你们每个人都成为人民的骄傲！

谢谢你们。

祝新年快乐！祝学习进步！

巴金
一九九〇年十二月二十七日

亲爱的同学们，我家乡的孩子们：

半年来我一直在考虑怎样给你们写回信，一直在想用什么礼物来回答你们寄赠土产的感情。我觉得我欠你们的感情的债已经够多了。

今年三月我寄信给家乡正通顺街小学同学们说："我已接受了你们太多的礼物，感情的债快要把我压垮了！"

这些话也是对你们说的。在我的心中你们三个学校的同学都是我的小朋友。所以两次托人寄书，都是三个学校各赠一份。上次寄赠的《中华子孙丛书》，听说你们［已］经收到。但这二十册只是半套，尚有二十册，等到出版后补寄。最近我又委托上海少儿出版社代为寄上《上下五千年》《世界五千年》等书五册，想也已见到了。只要对你们的学习有好处，我愿意尽力。

这就是我为你们准备的六·一节的礼物。我想你们不会拒绝它。我谢谢你们。再过两个星期欢乐的儿童节就要到来了。遗憾的是我因病不能回到家乡在你们中间欢度这个节日，但是我的心是和你们在一起的。看！满头白发的老爷爷正在对你们微笑呢！

　　祝
你们节日愉快！

巴金
一九九二年五月十五日

致成都东城根街小学*

亲爱的同学们：

谢谢你们写信给我，一大堆信！我数了数，一共四十封，好像你们都站在我面前，争先恐后，讲个不停，好不热闹！家乡的孩子们，感谢你们给我这个老人带来温暖。

我有病，写字困难，捏着笔手不听指挥，不说给每个同学写一封回信或者像五年级郭小娟同学所要求的那样写一段话，就是给你们大家回一封短信也十分吃力，有时候在我的手一支笔会有千斤重。怎么办呢？无论如何，我不能辜负你们的好意，我不能使家乡的孩子们失望。我终于拿起了笔。

请原谅我今年不能回家乡，并不是我不愿意看望你们，正相反，我多么想看见你们天真的笑脸，多么想听见你们歌唱般的语声，但是我没有体力和精力支持这样一次长途的旅行，那么就让这封信代替我同你们见面吧。

不要把我当作什么杰出人物，我只是一个普通人。我写作不是我有才华，而是我有感情，对我的祖国和同胞我有无限的爱，我用作品表达我的这种感情。我今年八十七岁，今天回顾过去，说不上失败，也谈不到成功，我只是老老实实、平平凡凡地走了这一生，我思索，我追求，我终于明白生命的意义在于奉献，而不在于享受。我在回答和平街小学同学们的信中说："我愿意再活一次，重新学习，重新工作。让我的生命开花结果。"有人问我生命开花是什么意思，我说："人活着不是为了白吃干饭，我们活着就要给我们生活在其中的社会添上一点光彩。这个我们办得到，因为我们每个人都有更多的爱，更多的同情，更多的精力，更多的时间，比维持我们自己的生存所需要的多得多，只有为别人花费了它们，我们的生命才会开花。一心为自己、一生为自己的人什么也得不到。"

我和别人一样，也希望看到自己的生命开花。但是我不可能再活一次。过去我浪费了不少的光阴，现在我快走到路的尽头，剩下的日子已经不多了。我十分珍惜这有限的一分一秒。

亲爱的家乡的孩子们，我真羡慕你们。你们前面有无比宽广的道路，你们心里有那么多美好的事物，爱惜你们可以使用的宝贵时间，好好地学习吧，希望在你们身上。

我真诚地祝福你们。

巴金
一九九一年五月十五日

鲁迅先生说：

"我是一头牛，吃的是草，挤出来的是奶和血。"①

巴金

一九九二年四月二十八日

另寄赠少年儿童出版社书三种：

上下五千年

世界五千年

彩图世界五千年

亲爱的小朋友们：

这次你们的校长来上海，我在杭州养病没有见到。现在我还在医院里，睡在病床上，写字困难，收到你们祝贺我生日的信，也无法回答，只好请端端代笔。最近我的一位亲属李舒从上海回家乡，我请他带给你们一件礼物——《东方小故事》录像带，礼物虽小，情谊很重，里面寄托着我对家乡小朋友的感情，不仅你们都在我的思念中，我的所有的家乡的小朋友。我祝福你们大家。请接受我的微

---

① 此系巴金给学校赠品的附言。

薄的礼物吧！祝你们幸福健康地成长，我热爱你们大家。

巴金

一九九五年二月一日

端端代笔于华东医院

致成都正通顺街小学*

亲爱的同学们,家乡的小朋友们:

感谢你们寄给我几封充满感情的信,我觉得好像你们就站在我身边拉着我的衣服高兴地谈笑,告诉我许多愉快的事情。你们还让我看见美丽清洁的双眼井。你们真是我的好邻居,你们又把我的心引到了我念念不忘的家乡,我的老家。

请你们原谅,我拖了这么久才写这封回信,唯一的原因是我病了好几年,写字十分吃力,即使脑子清醒,手不听指挥,也没有办法。可是我常常读你们的来信,看你们活动的图片,又收到你们为我写的字、画的画,你们还给我寄来家乡的土特产,让我在上海过一个四川的新年。

亲爱的小邻居们,你们没有想到你们给了我多大的安慰和温暖。对一个八十八岁的老人这是多么大的幸福啊!你们的信,所有家乡孩子们的信,孩子们真诚的祝愿打动了我的心,我把你们送来的一切都留在我的身边。这是我的财富,我引以为骄傲。

亲爱的家乡的孩子们,接受你们送来的这一切,我不能不想,你们为什么对我这样关心?对人民我究竟有过什么成就？有过什么贡献？我从来不曾忘记生命的意义在于奉献，而不在于接受。我只是一个普通的作家，勤奋写作是我的职责，我不曾有效地使用我手中的笔，也谈不上奉献，我平平常常地度过了这一生。经过六七十年的风风雨雨，争取说真话，争取做好人，我仍然是一个普通的人。我不是你们学习的榜样，你们都应当远远地超过我。祖国和人民在你们身上寄托着无限美好的希望，你们的前途宽广、光明！因此我认为你们没有改变学校名称的必要，就这样让我永远做你们的邻居不好吗？不管你们怎么想，我的心永远和你们在一起。我虽然无法给你们每个人写信，但是你们都在我的心中，我的眼睛注视着你们前进的脚步。

最后再说一件事情。古话说礼尚往来，你们寄来礼物，我也要还礼，我托人在少儿出版社买了三套《中华子孙丛书》，同样的三套，送给你们学校、和平街小学和东城根街小学各一套。每套四十册，今年先出二十册，明年可以出齐。我会托人陆续寄给你们。

想说的话很多，但是我相当疲乏，写不下去了，那么就到这里为止吧。不过还有一句话要讲出来：欢迎你们再来信（请原谅我不一定写回信），却不欢迎你们再寄土特产来。我已经接受了太多的礼物，友情的债快要把我的肩头压垮了。你们一定了解我，谢谢。

祝

你们健康地成长！

巴金

一九九二年三月八日

附录二

读《家书——巴金、萧珊书信集》后致李致的三封信

◎李 累[①]

给李致的公开信写完了,才来说几句写这封信的来由。

我念初中二年级读了巴金的小说《家》。从此,巴金及其作品,就留在我心里,活在我心中了。我历来自认为是觉慧,在公开的会上也这样讲;我强调的是觉慧精神,而且肯定在今后的任何时代,都有那个时代的觉慧。可见,我一生的所作所为,受巴金的影响很大。1994年10月,我满七十周岁。刘沧浪深知我尊爱巴老,多次到成都新华书

---

① 李累(1924—1995):曾任四川省戏剧家协会主席。

店购买《家书——巴金、萧珊书信集》（后简称《家书》），直到1995年2月中旬，每次扑空，这个生日礼物就不能落实了。

我曾将这个情况告诉李致。不几日，李致送来《家书》一册。我读了若干封信后，便给李致写一信，倾吐我对《家书》的思绪。之后，我觉得这些信所表达的思绪与联想，可见天日，便决定公开了。这就是来由，也算是公开信的引言，更主要的是，这封信是我对巴老的思念与祝福。

1995年3月11日夜，李致读了信后，打电话告诉我巴老的病情明显好转，已经可以下床，并用助步器散步，他未去沪探望。我了解真相后，也不想更改这一说传，恰好，它反映了许多读者关心着巴老的健康。

一

李致兄：你送来的《家书》，令我大为惊喜。不是因为我们共姓一个李，也不是因为我与《家》一样是三弟兄，而是旧时代我们有类似的遭遇、相同的命运、近似的思想，因而在感情上是相通的。你家的《家书》，我虽没有读完，却已把它当作我的家书了。

你可以想到，我会放下正在阅读的书刊，包括近来从电视上看了影片《复活》又重读托翁的小说《复活》，专注地阅读《家书》了。

1995年春，我从上海的报纸得知巴老又住院了，因此，我对扉页那张照片，巴老摄于1994年春的影相，就特别凝视良久。老人家病了，我不知道病情。自夏公走了以后，寿星只留下冰心与巴金了。

我不相信天意。刚写到这里我才发现，我是读完了1952年2月25日萧珊与巴金互写的信后（同年同月同日），才写这封信的。偶然抬头，台历正好是1995年2月25日，那么，我读的两封信正好是四十三年前的今天写的信了。读书停下来了，不无缘由，我被萧珊的信感动了。巴金还在北京作去朝鲜的准备工作，萧珊就望到金秋来临，仿佛巴金已经从朝鲜回到北京了，她一定在九月带着女儿小林去北京与巴金相会。多好的一个妻子，多好的一个母亲，多好的一个女人——一个代表赴朝志愿军亲属的普通女人。听这一段话，萧珊在信中说："这几天的报纸上整天在登载美帝在朝鲜发动细菌战争，害怕极了，我没有办法在看到朝鲜战场任何消息时不联系到你，因为就在现在，在我的想象里你已是他们中间的一个了。"所以，我也肯定地说萧珊是志愿军的一个亲属，又是亲属的代表。

四十三年前的信，还萦绕在我的心怀，由于信中的真挚的亲情。《傅雷家书》也曾搅动过我的思绪，那来由是另一特色所引起的。

暂时写到这里吧,因为我的眼睛看到自己的字都模糊了。

1995年2月25日夜
巧合日拙书

二

1995年2月26日,星期天,刘沧浪来我家,他听朋友说,巴老病重,你已经去上海了。老实说,我听了心里有点慌张,没料到巴老的病情变化得有点陡,只能暗中祝福,愿他老人家转危为安。这时,我用得着萧珊在1959年4月16日信中说的一句话:"但许多时候情感和理性并不一致。"

我非常重视这一句话。这句话朴素、真实,很典型,这是人类生活历史现象的高度概括,已经过长时间的检验。不要说普通老百姓,连中外历史中的许多伟大人物在不少时候的思想与行动中,同样是"情感和理性并不一致"的。此刻,我对巴老的生死,情感和理性的矛盾,使我非常焦虑与苦。

听天安排吧!

昨天读《家书》,我是从信件开始的。今晚,不知怎么的，我又返回卷首，又一次重读《怀念萧珊》了。巴老思念着萧珊，曾说："她是我的生命中的一部分，她的骨灰里有我的泪和血。"

我每读一次《怀念萧珊》，都经历着一场劫难，经历着心灵的绞痛，我完全被巴老的泪和血淹没了。我不相信中外任何一个评论家能理智地分析、研究《怀念萧珊》。因为它不能用文章、散文之类来称谓，所以不可能"解构"。《怀念萧珊》，是一场祸患逼得巴金流淌的泪和血。这流淌的泪和血，如江河，如大海，不只是巴金的，也有你的我的他的，应该说是一代中国人民及其子孙的。还是巴老说得好："她的结局将和我的结局连在一起。"

我接着读《家书》。许是萧珊在某一封信中谈到，她听巴金的一个朋友向她说，巴金之所以晚婚，是因为成了家，就有了牵挂。果然如是，有了家有了牵挂。在巴金赴朝的半年多时间里，他们往来的书信，大都是牵挂，特别是萧珊。她多么思念、担心巴金呵，深怕他有一个闪失；只要二十天以上接不到巴金的信，她的心就被沸腾的油锅熬炼着，烧焦了还耐着脾性在等待。1952年5月7日，萧珊给巴金的信写完了，落款了，她情不自禁地又添了一句："常给我看到你的字，不必太多，一个，一个字，亦让我知道你好。"这不是最足以说明萧珊的牵挂之情吗？其实，巴金写给萧珊的信已是够多的了，一有空歇，在火车的车厢里写，爬在朝鲜老乡房间的铺上写，在前线的防空洞里写，点着蜡烛在大树下写，真是一百多次地叫萧珊放心，放心，他生活得很好；还一次又一次寄了照片，证明他长得好，比在家里还胖了。

这亲情是动人的。

当然，牵挂之情不限于家庭。师生间，朋友间，同志间，上下级间，只要是有了人与人亲善的关系，也有牵挂之情的。此刻，我不正牵挂着巴老的病情吗？我像下一辈的觉慧牵挂着上一辈的觉慧，我像觉慧牵挂着觉新。我在四川人民艺术剧院召开的演出《家》的座谈会上发言，曾说我这一辈子有两本书不可能作理智的分析，也不可能说得清楚，一本是巴老的《家》，另一本是《红岩》，因为我的思想和感情、血和泪，与书中的人物命运搅和在一起了。你可以想象，我也难以描述现在我对巴老的牵挂。

既是家书，就必然谈到儿女的情况。那时（指巴金两次赴朝期间），女儿小林上学，并学弹钢琴，儿子小棠，从刚学会说话到满两岁。萧珊的每一封信，几乎都谈到儿女；我读到问小棠爸爸在哪里？小棠说："爸爸在玻板下面。"（指巴金的照片），忍不住笑了起来。萧珊谈得最多的是对孩子的教育问题。萧珊在1953年9月20日写给巴金的信，这个内容最充分。信中谈到小棠（三岁零二十天）："这孩子脾气很急躁，个性又强，实在是个问题……有一天他打人，十二小姐告诉他打人不好，小林就问：妈妈为什么打我？"谈到小林（近八岁）："妹妹小气，整天问我喜欢不喜欢她……这孩子胆子真大，^①我骂了她一顿。弹琴时总要使你生气，不然不好好弹。"在另一信中又说："这孩子这学期功课很差，上一次期中考试，读书、写字都得一个'下'，实在很糟。"巴金就此问题回信只说了一句："小林顽皮也得讲讲她，不要骂，慢慢讲道理也许更有用处。"（1953年11月8日，朝鲜。）

今天，读四十二年前的家书涉及有关孩子的教育问题，我认为仍很有嚼头，很有意义。小棠打人不对，但是小林提出的问题："妈妈为什么打我？"多么新鲜、尖锐、真实又极富生命力！从有文字的历史开始，直到今天，这个问题依然存在且较难回答更难以解决。我如实地说：我与萧珊以及同辈们，对儿童与少年的教育，都因受了传统教育方法中的糟粕：打和骂。自从小林当了妈妈，也没有从这种束缚中解放出来，并不例外。巴老在《随想录》中曾"三说端端"（端端是巴金的外孙女）。文章说而今入学的儿童少年，"现在好像只是背着分数的沉重包袱在登山"。这话说得多动心呵。岂止是端端，岂止是我的读初中的孙女孙儿，这是一个普遍现象！有时，还会发生儿童少年逃亡与自杀的悲剧。

---

① 指放了学不回家，与一个小朋友到另一个小朋友家里耍了一小时多点。

几百年前的教育或教学方法：灌输与责难，今天依然在家庭与学校流行。我今天（1995年2月27日下午），还告诉儿子，教育的责任在于启发孩子自觉的学习与做人。我还推荐巴老的"三说端端"这三篇文章供他阅读。这三篇文章涉及全国教育中的几个重大问题。所谓的"高、升、重"。具体说来，就是高分数、升学率、重点学校三个问题。就在1995年2月中旬的《人民日报》一版头条新闻，发表了一老学者向党史中央、国务院对教育改革的建议，同样涉及这三个问题。这三个问题整得家长、教师、学生人心惶惶。巴老是在1983年正式提出来的，十二年了，悬置未决，今天有人提出来，到底怎么办？

　　"实践是检验真理的标准"讨论有多少年了？

　　"两手硬"提了多少年了？

　　李致兄，我向你倾诉，也是写给你的一封家书呵。

　　果然，萧珊在反思自己了，她在信中谈小林："这孩子真多情。……有时候我平静地想想，我有许多不足处。"她比我真诚，比我勇敢。1954年9月15日，因为小林学钢琴的事，她给巴金的信更坦率地直白："我叫她回来，把她骂一顿，我很伤心，我哭了。她也哭了。事后我很失悔，我的教育也许根本不对，叫我怎么办呢？今天她很乖，明天就会忘记的。"老实说，我都是七十一岁的人了，方才能做到听儿女对我的意见。其实，真正的人，凡做了对不起人的事，或者用打骂方法教育亲人，无论是朋友、平辈、晚辈，虽说自己是老人了，都应该向对方认错。

巴老送给萧珊的"一片朝鲜的红叶"，我一想到就特别的欣喜。就在寄红叶这封信中，巴金写道："现在是11月12日下午1点20分。这里开始下雪，松针沙沙地响着。红叶在我的笔记本里夹了两个月了。"我按两个月的时间倒退回去，重看1953年9月13日巴金写给萧珊的信："这里一天水声不绝，虫声不止，鸟声不停，整夜都可以听见小溪流水声，倒像是一个避暑胜地。"在这两个月的时间里，巴金住在连队里。许是停战协定已经签了字，我所摘引的两小段，确有点诗情画意了。粗略的计算，巴金摘红叶，夹红叶，寄红叶，是近五十岁的人了，这举动显得多么年轻，多么火热。记得，我读从维熙的《析梦》，曾向你写信，谈到我对巴老的看法，他老人家如火如雪，文情如火，心境如雪。今天我更可以说，他寄给萧珊的一片红叶，正显示了他的青春是美丽的。

1995年2月28日夜

三

《家书——巴金、萧珊书信集》，我从1949年9月读到1961年2月4日，我没有统计多少封信，只知道除序言

19页外，又读了462页。特别是从1960年7月下旬开始的信件，似乎我都在巴老旁边的。其一是我参加了全国第三次文代会，四川代表团团长是沙汀，我们也住在西苑大旅社。其二是巴金赴成都写作，我不仅知道还有缘与他同餐一次。萧珊在1960年10月10日写给巴金的信，听说沙汀答应为《人民文学》写一作品，而忘却了萧珊代表《上海文学》向沙汀约稿早在《人民文学》之前，因而写道"这件事我很伤心，沙政委完全把《上海文学》忘却了……沙政委如果不给我一篇好稿子，未免说不过去"。我自然笑了。萧珊幽默地称呼"沙政委"自有来由，正如我们背着沙汀昵称他"沙连长"一样，因为他是四川省文联主席，职工与一连的人数相差无几。正如巴老说的"人刚过去不便谈这些事"（1960年11月7日），就此打住了。

我早知道由于巴金、李劼人、沙汀的呼吁，才抢拍了已患癌症的廖静秋主演的《杜十娘》。巴老并为廖静秋在国内外找治癌的药品。他与许多川剧演员交朋友——书信中偶尔涉及来往情况，但很少具体谈一下川剧艺术。唯独1961年1月24日给萧珊的信提到了，特录于下："上星期六我请川剧二团演了一次《生死牌》。不单是我看得流泪，沙汀也揩了几次眼睛，张老的太太一直在用手帕。川剧有一些改动，但仍然激动人心。"

《生死牌》是从别的剧种移植过来的一个川戏。我曾多次看过演出。这个戏写一个清官，为了一个民女的冤案日夜不安，因为各种压力逼得他非判斩刑不可。他的亲生女儿和另外两个姑娘，悉其情，分担忧，争着舍身抢救民女。清官无法，只好高竖三牌，牌背各写生死一字，抢着死牌者，便去顶命，救出民女。抢得死牌的，是清官的女儿，这女儿为了援救别人，绑赴刑场，而她的父亲还得监斩，瞪着眼睛看着亲生女儿人头落地。这个故事是动人的。导演是黄宗池，参加演出的有司徒慧聪、杨淑英、颜树等。其中有一场戏，是清官在斩期前夕的深夜去牢房最后探视女儿，冤案不许翻，生死终别离，如此处境，女儿还苦言不能尽孝，父亲自然地向女儿跪下了。导演的艺术处理，演员唱做均绝，全场观众无不哭泣，真正是动人极了。我曾写评论《死中求活》，专谈《生死牌》的导演艺术，发表在《四川日报》上。在振兴川剧期间，我曾向导演黄宗池与刘芸等演员提出可再演《生死牌》，不知是什么原因，此戏如石沉海底。

李致兄，你能呼吁再度演出《生死牌》吗？

巴老1960年10月9日晨来成都，1961年2月8日晚离成都，整整住了四个月。除完成一本短篇集外，巴老主要是写一部中篇小说《团圆》，这即是后来根据《团圆》拍摄的电影《英雄儿女》，用巴老自己的话说，"关于抗美援朝的写作也就算告一段落"。

值得注意的，这四个月是全国人民挨饥受饿的日月，饿死与肿病患者不计其数——而他们的书信，对这样的经济大局，只有平淡的记叙，比如巴金回家前，曾在信中说："张老（张秀熟，四川省副省长）说要送我豆豉、豆瓣。那时是否会找到这些东西，也难说。我就只给你带了点花生米和花生糖，但数量很少，花生米只够你一人吃……"（这点东西，也是当时的成都市市长李宗林对巴金的应该的特殊照顾——括弧内的句子是我的注释）。而在上海的萧珊，1961年1月29日写给巴金的信上说："这个月粮食已解决，粮食店给我十五斤临时补贴（就是说我并不申请加粮），我们已换回两稀一干了。自然小棠是吃干饭。"当时的四川，每干部每月的粮食标准是十九斤，我曾问过读小学的儿子李燕："你的理想是什么？"他毫不思索答复我："当饭桶。每顿吃一百斤米。"这简直是卓别林的悲喜剧素材了。巴老有一颗火热的心，萧珊有一副善良的心肠，他们当然知道全中国人民饥饿的苦情，为什么在书信中不多说几句，发出一点感慨呢？

更值得注意的是，巴金在朝鲜生活了一年，1980年他在日本东京发表讲演，谈到抗美援朝时，曾说："在这个斗争最尖锐的地方，爱与憎表现得最突出，人们习惯于用具体行动表示自己的感情：可歌可泣的英雄事迹天天都有。这些大部分从中国农村出来的年轻人，他们以吃苦为荣，以多做艰苦的工作为幸福，到了关键时刻，他们争先恐后地献出自己的生命……我离开以后第二年又再去，因为那些人、那些英雄事迹吸引了我的心。"为什么1952—

1953年在朝鲜的生活素材，偏偏在1960年来成都写作呢？

大家都知道，1959年庐山会议上的"反右倾"，制造了以彭德怀司令员为首的天大冤案。薄一波在《若干重大决策与事件的回顾》一书中写道："据1962年甄别平反时的统计，在这次'反右倾'斗争中被重点批判和定为右倾机会主义分子的干部和党员，有三百几十万人。而这些干部和党员，大都是敢于讲真话、敢于反映实际情况和敢于提出批评意见的同志……"这对我们党是非常大的损伤，对国家和人民的事业是个重大损失，巴金写的《我们会见了彭德怀司令员》，由新华社播发，在全世界有广泛影响，他不可能没有思想上的负担和压力，而1960年第四季度，"反右倾"的风险还有余波，巴老不可能不感触到和思索到他所面临的艰难处境——我尊敬的巴老，不顾个人安危，偏偏要写彭德怀具体指挥的战争中的英雄儿女。我无法表达对巴老由衷的崇爱。

1995年3月2日

我已读完《家书——巴金、萧珊书信集》（1949年9月9日至1966年7月30日）。1966年的书信，都短，节奏急迫，萧珊与女儿见面谈话的机会都极少，小棠要妈妈告诉爸爸站稳立场。显然，邪恶的大风暴来临了，所有的人们，都将在"文化大革命"中遭殃受罪。

巴金家信

这册《家书》是巴金萧珊的女儿李小林编的。

我记起巴金的《讲真话的书》，你和丁秀涓是特约编辑。李致兄，这是必然中的偶然的巧合。

应该说《讲真话的书》有一信，即是巴金在1987年10月24日《给李致的信》，也是巴金的一封家书。当我重读这封信时，引起我不少回忆。

1987年9月，巴金返川，生活了十七天，他给李致的信中说："短短的十七天，像投了一粒石子在池水里，石子沉在水底，水面又平静了。但是我心里并不平静。"十七天中，李致兄，也许是你征得巴老的同意，安排了他老人家与成都的少数文艺工作者见面，我有缘参加了。大家都知道巴老身体欠安（特为他在沙发间放了一张藤椅，起坐方便），发言极短。记得当时我说了："巴老。我读了你的《随想录》，你提倡讲真话。巴老，根据我的经历，说真话真难呵。"他立即答复说："是的，说真话难——"他停顿了两分钟光景，又只补了一句："要么不说话，说话，起码不能说假话。"我之所以提出"说真话难"这个问题是因为粉碎"四人帮"后，我在文学艺术某些问题上与分管文艺的省领导有不同意见，自己说了真话因而挨整，给我小鞋穿。座谈之后，分批轮流与巴老合影。当时，我心里发热，便悄悄地向《四川日报》摄影记者金嘉华商量，我要与巴老单独照一张相，请他抢一个镜头，他点了头。又不知为什么，我突然拉住庞家声走向巴老身旁，说："他演觉新，我是觉慧，巴老，我们照一张相吧。"果真，这个镜头被金嘉华抢拍下来了，至今我保存着。

与巴老见面后，我便去仁寿黑龙潭主持歌剧创作会议了。我将与巴老的简短对话如实地介绍给大家，提倡这次创作会议说真话。会议过程中，张加力同志听到歌剧剧本的某一作者对他的作品提出了意见和批评，十分反感，他便在会上说了一句："听真话更难。"于是，"说真话难，听真话更难"便广为传开了。

这封信写完了。而你已去上海看望巴老，巴老的病情，我这颗心还悬着哩。

1995年2月25日—3月3日

扫码共享
走近巴金